Die gute Küche

Köstliche KARTOFFEL Gerichte

Die besten Rezepte

BUCH UND ZEIT BZ

Buch und Zeit Verlagsgesellschaft mbH · Köln

Redaktion: Dagmar Fronius, Wina Neuser, Dr. Hermann Ehmann
Bildredaktion: Wina Neuser
Umschlaggestaltung und Layout: Inga Koch
Unter Verwendung von Bildmaterial von C. P. Fischer
Unter Verwendung von Bild- und Textmaterial von
Biskin, Bressot, The Food Professionals Köhnen,
Maizena Markenartikel GmbH,
Milkana, Molkerei Alois Müller,
Schweizerische Käseunion GmbH, Sanella
Printed in Germany
ISBN 3-8166-0323-8

INHALT

Suppen und Eintöpfe 4

Kartoffelgerichte fleischlos 18

Kartoffelhauptgerichte 30

Kartoffeln »Speciale« 42

Kartoffeln als Beilage 52

Süße Kartoffeln 70

Register 79

Die Rezeptmengen gelten jeweils für eine Person, soweit nicht anders angegeben.

Die Nährwert- und Kalorienangaben sind jeweils für eine Person berechnet.

Pikante Kartoffelsuppe

500 g mehlig kochende Kartoffeln,
200 g Möhren,
1 Zwiebel,
2 EL Öl,
1 l Fleischbrühe,
2 EL Tomatenmark,
1 Eigelb,
1 EL Sojasauce,
Salz,
Pfeffer,
1 Msp. geriebene Muskatnuß,
einige Spritzer Tabascosauce

Kartoffeln und Möhren gründlich waschen, dünn schälen und in kleine Würfel schneiden.
Zwiebel schälen, fein wiegen und in einem großen Topf in heißem Öl leicht anbraten.
Gemüse dazugeben und anbraten, mit der Fleischbrühe aufgießen.
Tomatenmark hinzugeben und die Suppe 40 Minuten (im Schnellkochtopf geht es entsprechend schneller) leicht kochen lassen.
Eigelb mit Sojasauce verquirlen und in die Suppe rühren.
Die Hitze reduzieren, mit den Gewürzen, der geriebenen Muskatnuß und der Tabascosauce pikant abschmecken.

EW	Fett	KH	kcal/J
5 g	10 g	24 g	208/873

Kartoffel-Spinat-Suppe

500 g mehlig kochende Kartoffeln,
1 kleine Zwiebel,
Öl,
1/2 l Gemüsebrühe,
300 g Spinat (tiefgekühlt),
100 ml süße Sahne,
Salz,
Pfeffer,
1 Msp. geriebene Muskatnuß

TIP Dazu Toastbrot oder geröstetes Weißbrot und einen herben Weißwein servieren.

Die Kartoffeln waschen, schälen und dämpfen; durch die Kartoffelpresse drücken.
Zwiebel schälen, fein würfeln, in heißem Öl glasig anbraten.
Mit etwas Brühe aufgießen, gefrorenen Spinat dazugeben.
Unter ständigem Rühren Spinat in der Brühe auftauen und kurz aufkochen lassen.
Kartoffeln in den Spinat rühren, mit der restlichen Brühe aufgießen.
Sahne einrühren und mit Salz, Pfeffer und Muskat abschmecken.

EW	Fett	KH	kcal/J
5 g	23 g	23 g	319/1340

Kartoffelbouillon

Bouillon aufkochen. Kartoffeln vierteln. In der Bouillon 10 Minuten garen.
Nach 4 Minuten Erbsen hinzufügen. Schinken in Streifen schneiden.
Scampi kalt abspülen (tiefgekühlte rechtzeitig vorher auftauen lassen) und abtropfen lassen.
Suppe salzen und pfeffern, Kräuter einrühren.
Scampi in der Suppe erwärmen, aber nicht mehr kochen. Lachsschinkenrollen in Suppentassen verteilen, mit heißer Suppe übergießen und mit je einem Klecks Crème fraîche garnieren.

1 l Rinderbouillon,
400 g geschälte Kartoffeln,
150 g Erbsen (tiefgekühlt),
125 g Lachsschinken,
125 g ausgelöste Scampi,
weißer Pfeffer,
Salz,
1 EL gemischte gehackte Kräuter,
4 EL Crème fraîche

EW	Fett	KH	kcal/J
13 g	13 g	22 g	267/1122

Deftige Kartoffelsuppe

*450 g geräucherter Schweinebauch,
20 g Butter, 1 Zwiebel,
2 Knoblauchzehen,
1 Stange Lauch,
1 1/2 l heiße Fleischbrühe,
750 g Kartoffeln, 3 Möhren,
1 Stück Knollensellerie,
Salz, Pfeffer, 1 Lorbeerblatt,
4 Zweige gehackter Majoran,
2 Zweige gehackter Thymian,
1 Bd. gehackte Petersilie*

Schweinebauch in Scheiben schneiden und auslassen. Butter hinzugeben. Zwiebel und Knoblauch fein hacken, Lauch in Ringe schneiden. Gemüse im Fett glasig braten. Mit Brühe aufgießen und geschälte, in Scheiben geschnittene Kartoffeln und Möhren sowie geschälten, gewürfelten Sellerie zugeben.
Salzen, pfeffern und würzen. Majoran, Thymian und Petersilie dazugeben. 45 Minuten köcheln lassen.

EW	Fett	KH	kcal/J
22 g	47 g	37 g	700/2940

Kartoffelsuppe aufgeschmelzt

Suppengrün putzen, Kartoffeln schälen. Alles kleinwürfeln. In der heißen Suppe weichkochen und anschließend durch ein Sieb streichen. Die passierte Suppe nochmals aufkochen und mit Salz und Majoran abschmecken. Zwiebel schälen und hacken. Speck würfeln. Zwiebelwürfel im ausgelassenen Speck goldgelb rösten und auf die Suppe geben.

EW	Fett	KH	kcal/J
4 g	12 g	16 g	192/804

2 Bd. Suppengrün,
400 g Kartoffeln,
1 l Fleischbrühe,
Salz,
Majoran,
1 Zwiebel,
75 g geräucherter Speck

TIP Dazu frisches Schwarzbrot reichen.

Kartoffelsuppe mit Geräuchertem

Kartoffeln waschen, schälen und würfeln, Möhre und Lauch putzen und in dünne Scheiben schneiden. Bauchspeck kleinwürfeln, ausbraten und das Gemüse darin 2-3 Minuten dünsten. Brühe und Sahne zugeben, alles 30-40 Minuten leise köcheln lassen. Die Suppe mit Salz, Pfeffer und Muskatnuß abschmecken. Mit Röstzwiebel bestreuen und servieren.

EW	Fett	KH	kcal/J
4 g	24 g	25 g	349/1464

500 g mehlig kochende Kartoffeln,
100 g schwarzgeräucherter Bauchspeck,
1 Möhre,
1 Stange Lauch,
1/4 l Fleischbrühe,
1/4 l süße Sahne,
Salz, Pfeffer,
geriebene Muskatnuß,
Röstzwiebeln

Kartoffelsuppe mit Würstchen

Kartoffeln schälen und würfeln, Zwiebeln hacken. Butter zerlassen und die Zwiebeln darin schmoren, bis sie weich sind. Kartoffeln dazugeben und 10 Minuten schmoren. Mit Fleischbrühe aufgießen, 20 Minuten weiterköcheln. Debreziner dazugeben, salzen und pfeffern.

EW	Fett	KH	kcal/J
13 g	27 g	21 g	390/1639

400 g mehlig kochende Kartoffeln,
300 g Zwiebeln,
50 g Butter,
1 l Fleischbrühe,
4 Stück Debreziner,
Salz,
Pfeffer

Kräftige Fischsuppe mit Kartoffeleinlage

500 g Fischteile (auch Köpfe und Flossen, aber keine Eingeweide),
Saft von 1 Zitrone,
2 Zwiebeln,
2 Knoblauchzehen,
1/2 Bd. Suppengrün,
1 grüne Paprikaschote,
5-6 EL Öl,
Salz, Pfeffer,
2 geschälte Tomaten,
1 l Brühe,
1 Lorbeerblatt,
500 g mehlig kochende Kartoffeln,
2 Eier, 2 EL Mehl,
100 g Eismeerkrabben (aus der Salzlake),
Tabascosauce,
Sojasauce,
1 TL Zitronensaft,
1 TL gehackter Dill

TIP Dazu Baguette und Weißwein reichen.

Fischteile putzen, waschen und mit Zitronensaft beträufeln. Zwiebeln und Knoblauch schälen, Suppengrün putzen und waschen. Paprikaschote waschen und entkernen.
Sämtliches Gemüse in kleine Stücke schneiden, in heißem Öl 10 Minuten andünsten, leicht mit Salz und Pfeffer würzen. Tomaten klein würfeln, mit den Fischteilen dazugeben; 2 - 3 Minuten mitdünsten. Heiße Brühe zugießen und das Lorbeerblatt dazugeben. Zugedeckt 10 - 12 Minuten leise köcheln lassen. Inzwischen Kartoffeln waschen, schälen und dämpfen, heiß durch die Kartoffelpresse drücken und sofort mit den Eiern und dem Mehl vermischen; mit Salz und Pfeffer abschmecken. Krabben abtropfen und in die Kartoffelmasse einrühren. Daraus kleine Nocken formen. Fischsuppe durch ein feinmaschiges Sieb gießen, nochmals im Topf aufkochen, eine Prise Salz dazugeben und die Kartoffelnocken 10 - 15 Minuten ziehen lassen! Suppe mit Salz, Pfeffer, Tabasco- und Sojasauce abschmecken. Mit Dill garnieren.

EW	Fett	KH	kcal/J
28 g	32 g	43 g	576/2419

Duftende Kartoffel-Knoblauch-Suppe

500 g mehlig kochende Kartoffen,
1/2 l Fleischbrühe,
5-6 Knoblauchzehen,
1 EL grüne, eingelegte Pfefferkörner,
100 g geräucherter Bauchspeck,
Salz

Kartoffeln waschen, schälen und dämpfen, durch die Gemüsepresse drücken. Fleischbrühe aufkochen, geschälte Knoblauchzehen in der Brühe weich kochen. Die gekochten Knoblauchzehen herausnehmen, mit einer Gabel fein zerdrücken.
Kartoffelmus, Pfefferkörner, in Würfel geschnittenen Bauchspeck und Knoblauchmus in die Fleischbrühe einrühren, mit Salz abschmecken.

EW	Fett	KH	kcal/J
3 g	23 g	19 g	305/1280

Lauchcremesuppe

Lauch quer in Streifen schneiden. Kartoffeln waschen, schälen und würfeln. Zwiebel und Lauchstreifen andünsten, Kartoffelwürfel zugeben. Brühe dazugießen und garen, bis die Kartoffeln weich sind. Suppe durch ein Sieb streichen oder im Mixer pürieren. Wieder in den Topf geben, Milch, Zitronensaft und Gewürze dazugeben, aufkochen lassen. Vom Feuer nehmen, die Dickmilch unterziehen und Suppe in vorgewärmte Teller füllen. Mit Schnittlauch bestreuen.

EW	Fett	KH	kcal/J
5 g	9 g	12 g	149/623

250 g Lauch,
150 g mehlig kochende Kartoffeln,
1 EL Öl,
1/2 kleine Zwiebel,
1/2 l Brühe,
100 ml Milch,
175 g Sahnedickmilch,
etwas Zitronensaft,
geriebene Muskatnuß,
2 EL gehackter Schnittlauch

Feine Kartoffelsuppe mit Meeresfrüchten

400 g mehlig kochende Kartoffeln,
3/4 l Fischbrühe,
Salz,
1 zerdrückte Knoblauchzehe,
3 EL Tomatenmark,
8 cl Weißwein,
200 g eingelegte Miesmuscheln,
100 g Krabben,
Pfeffer,
Tabascosauce

TIP Mit frischem Baguette servieren.

Kartoffeln waschen, schälen und in kleine Würfel schneiden.
In der heißen, leicht gesalzenen Fischbrühe 20 Minuten gar kochen.
Die zerdrückte Knoblauchzehe, das Tomatenmark und einen guten Wein mit einem Schneebesen schnell einrühren, abgetropfte Muscheln und Krabben 5 Minuten leise mitkochen lassen.
Suppe mit Salz, Pfeffer und Tabascosauce herzhaft abschmecken und heiß servieren.

EW	Fett	KH	kcal/J
12 g	1 g	18 g	47/617

Kartoffel-Tomaten-Suppe nach »italienischer Art«

500 g mehlig kochende Kartoffeln,
300 g Eiertomaten,
1/4 l Brühe,
2 Knoblauchzehen,
1 EL Kapern,
Salz,
Pfeffer,
1 TL Oregano,
Zitronensaft,
120 g Mozzarella

Kartoffeln waschen, dämpfen und schälen; in der Gemüsepresse zerdrücken.
Eiertomaten überbrühen, über Kreuz einschneiden und schälen, durch ein Sieb streichen.
Kartoffeln, Tomatenmus, Brühe, zerdrückte Knoblauchzehen, Kapern, Gewürze und Zitronensaft in einen Topf geben, kurz aufkochen.
Mozzarella in dünne Scheiben schneiden und in die Suppe geben.
Sobald der Käse geschmolzen ist, die heiße Suppe mit Weißbrot servieren.

EW	Fett	KH	kcal/J
9 g	6 g	22 g	171/719

Kartoffel-Lauch-Suppe

Kartoffeln schälen, waschen, würfeln und garen, die Hälfte davon pürieren. Lauch in Ringe schneiden. In Margarine andünsten, mit Curry würzen. Mit Brühe auffüllen, aufkochen und 20 Minuten garen. Kartoffeln zugeben, abschmecken. Frischkäse und Petersilie zufügen.
Toastscheiben rund ausstechen, mit Kräuterfrischkäse bestreichen, unter dem Grill überbacken.

EW	Fett	KH	kcal/J
19 g	46 g	41 g	654/2745

500 g Kartoffeln,
250 g Lauch,
Margarine zum Dünsten,
Curry,
400 ml Hühnerbrühe,
Salz,
Pfeffer,
Muskat,
400 g Frischkäse,
2 Bd. Petersilie feingehackt,
4 Scheiben Toastbrot,
150 g Kräuterfrischkäse

Kartoffeltopf mit Rindfleisch und Speck

500 g Rindfleisch (Schulter oder Kamm),
150 g geräucherter Speck,
1 EL Butter,
Salz, Pfeffer,
1/2 l herber Weißwein,
1/4 l Rindfleischbrühe,
500 g kleine, mehlig kochende Kartoffeln,
200 g kleine Möhren,
500 g grüne Bohnen
1 Zweig Bohnenkraut

TIP Den Eintopf mit frisch geriebenem Parmesankäse verfeinern.

Rindfleisch und Speck würfeln, in Butter anbraten; salzen und pfeffern und mit Weißwein ablöschen. Brühe zugießen und zugedeckt 30 Minuten leise köcheln lassen.
Kartoffeln schälen und halbieren, Möhren in dicke Streifen schneiden und beides in die Brühe geben; weitere 20 Minuten köcheln lassen.
Bohnen putzen, mit dem Bohnenkraut hinzugeben und etwa 10 Minuten mitkochen lassen. Die Bohnen sollten noch richtig knackig sein. Den Eintopf sehr heiß servieren.

EW	Fett	KH	kcal/J
32 g	44 g	29 g	753/3163

Mexikanischer Kartoffeltopf

1 1/2 kg mehlig kochende Kartoffeln,
2 Zwiebeln,
2 Knoblauchzehen,
1 Stange Lauch,
2 EL Öl,
Salz,
Pfeffer,
Cayennepfeffer,
knapp 1/2 l Hühnerbrühe,
2 EL milder Weinessig

TIP Dazu empfehlen wir Rotwein und Tacobrot (mexikanische Maismehl-Fladen).

Kartoffeln waschen und schälen; in halbmondförmige Scheiben schneiden.
Zwiebeln und Knoblauch schälen, fein wiegen. Lauch waschen und in dünne Ringe schneiden.
In einer Pfanne Öl erhitzen, Zwiebeln, Knoblauch und Lauch darin anbraten, bis die Zwiebeln glasig sind.
Kartoffeln hinzufügen, 2 - 3 Minuten mitbraten. Mit Salz, Pfeffer und Cayennepfeffer abschmecken.
Brühe und Essig dazugießen, 15 Minuten leise köcheln lassen.
Zerkleinertes Hühnerfleisch hinzufügen, nochmals abschmecken und 10 Minuten kochen lassen.

EW	Fett	KH	kcal/J
7 g	8 g	60 g	354/1486

Kartoffelsuppe »Toskana«

Kartoffeln schälen, waschen und würfeln.
Zwiebel schälen, fein hacken. Möhre schälen, grob raspeln. Paprika putzen und würfeln. Tomaten waschen, vierteln und Stielansätze herausschneiden. Petersilie und Basilikum waschen, trockentupfen und fein hacken.
Staudensellerie putzen, waschen und in Scheiben schneiden.
Öl in einem Schmortopf erhitzen, Zwiebeln darin kurz andünsten.
Geputztes Gemüse zugeben, etwa 5 Minuten dünsten, Brühe angießen, zugedeckt 30 - 35 Minuten garen. Suppe salzen, pfeffern und mit gehackten Kräutern bestreuen.

250 g fest kochende Kartoffeln,
1 Zwiebel, 1 Möhre,
1/2 Paprikaschote,
3 Tomaten,
1 Bd. Petersilie,
3 Zweige Basilikum,
1 Stengel Staudensellerie,
3 EL Olivenöl,
1 1/2 l Fleischbrühe (Instant),
Salz,
Pfeffer aus der Mühle

EW	Fett	KH	kcal/J
3 g	12 g	16 g	185/775

TIP In Knoblauchöl geröstetes Weißbrot dazu reichen.

Kartoffelsuppe mit Gemüsestreifen

1/2 l Hühnerfond (aus dem Glas),
500 g fest kochende Kartoffeln,
2 kl. Möhren,
4-6 Lauchzwiebeln,
1/2 rote Paprikaschote,
100 g frische Champignons,
Salz,
Pfeffer,
1 EL Zitronensaft,
1 EL gehackter Schnittlauch

Die Hälfte des Hühnerfonds mit einem Liter Wasser aufkochen. 300 g Kartoffeln schälen, auf der Rohkostreibe direkt in die Brühe reiben. Halb zugedeckt 20 Minuten köcheln lassen.
Die abgekühlte Suppe klären. Brühe durch ein Tuch in einen Topf gießen.
Möhren, Zwiebeln, Paprikaschote und Champignons putzen. Das Gemüse in sehr feine Streifen und die Champignons in dünne Scheiben schneiden.
Restliche Kartoffeln schälen, in sehr dünne Scheiben schneiden und mit dem vorbereiteten Gemüse in die Brühe geben; restlichen Hühnerfond dazu geben.
Die Suppe 10 - 15 Minuten köcheln lassen, das Gemüse sollte nicht gar gekocht werden, sondern noch etwas »Biß« haben. Mit den Gewürzen und Zitronensaft abschmecken und mit Schnittlauch bestreuen.

EW	Fett	KH	kcal/J
5 g	1 g	26 g	140/586

Grüne Kartoffelsuppe

600 g Kartoffeln,
1 Zwiebel,
40 g Margarine,
2 Möhren,
1/2 Sellerieknolle (300 g),
2 Stangen Lauch,
Salz,
weißer Pfeffer,
2 Lorbeerblätter,
4 Gewürzkörner,
2 Bd. Petersilie,
1/8 l süße Sahne

Kartoffeln schälen, waschen und würfeln.
Zwiebel schälen und würfeln. Margarine in einem Topf erhitzen. Zwiebelwürfel darin glasig braten.
Möhren, Sellerieknolle und Lauch putzen, waschen, trockentupfen und würfeln. In den Topf geben und unter Rühren 5 Minuten mitbraten.
1 1/2 l heißes Wasser angießen. Kartoffelwürfel zugeben; salzen, pfeffern. Lorbeerblätter und Gewürzkörner dazugeben. Alles aufkochen lassen und 20 Minuten köcheln lassen.
Suppe durch ein Sieb passieren. Wieder in den Topf geben. Petersilie waschen, trockentupfen und hacken. Sahne im Becher verquirlen und mit der Petersilie in die Suppe rühren.

EW	Fett	KH	kcal/J
6 g	18 g	37 g	357/1497

Buttermilchkartoffeln

Kartoffeln schälen, abkühlen lassen und in Scheiben schneiden. Räucherspeck in Streifen schneiden. Pfanne erhitzen, Speckstreifen darin anbraten, Kartoffeln hinzugeben und mitbraten, im austretenden Fett schwenken, mit Pfeffer und Salz würzen. Buttermilch vorsichtig erwärmen, Kartoffel-Speck-Mischung in einen Topf geben, Buttermilch und feingewiegten Schnittlauch darübergeben.

EW	Fett	KH	kcal/J
14 g	18 g	47 g	416/1741

1 kg frischgekochte Kartoffeln,
100 g durchwachsener Räucherspeck in Scheiben,
Pfeffer,
wenig Salz,
750 g Buttermilch,
1 Bd. Schnittlauch

Sahnekartoffeln mit Kerbel

1 kg fest kochende neue Kartoffeln, 450 g Lauch,
Fett für die Form,
Salz,
weißer Pfeffer aus der Mühle,
400 ml süße Sahne,
50 g Kerbelblättchen,
45 g Butter

TIP Falls Sie keinen Kerbel bekommen, ersetzen Sie ihn durch glatte Petersilie.

Kartoffeln waschen und längs halbieren. Lauch putzen, waschen und in 1 cm breite Ringe schneiden.
Eine feuerfeste Form einfetten. Kartoffeln mit Lauch einfüllen und mit Salz und Pfeffer würzen; Sahne angießen. Kerbelblättchen verlesen, waschen, trockentupfen und über die Kartoffeln streuen. Butter in Flöckchen darauf verteilen. Zugedeckt im 200 Grad heißen Ofen auf mittlerer Schiene 70 Minuten garen.

EW	Fett	KH	kcal/J
8 g	41 g	46 g	599/2517

Pichelsteiner Topf (Titelbild)

(für 6 Personen)

Fleisch würfeln. Rindermark in Scheiben schneiden. Weißkohl und Lauch putzen und waschen, Kohl in breite Streifen, Lauch in Ringe schneiden.
Kartoffeln, Möhren, Sellerie und Zwiebeln schälen, Kartoffeln und Sellerie würfeln, Möhren und Zwiebeln in Scheiben schneiden.
Markscheiben und abwechselnd Fleisch und Gemüse in den Topf schichten, dabei mit Salz, Pfeffer, Kümmel, Majoran und Thymian würzen.
Etwa 3/4 l Wasser angießen und gut zugedeckt etwa 1 1/2 Stunden leise köcheln lassen.
Mit gehackter Petersilie bestreuen.

EW	Fett	KH	kcal/J
41 g	44 g	36 g	743/3121

200 g Schweineschulter,
200 g Lammschulter,
200 g Kalbsschulter,
200 g Rinderbrust,
60 g Rindermark,
450 g Weißkohl,
1 Stange Lauch,
500 g vorwiegend fest kochende Kartoffeln,
300 g Möhren,
250 g Knollensellerie,
3 Zwiebeln,
Salz, Pfeffer,
Kümmel,
Majoran,
Thymian,
1 Bd. Petersilie

Kartoffelsuppe mit Huhn

Kartoffeln waschen, dämpfen, schälen, abgekühlt in Würfel schneiden.
Hühnerfleisch würfeln und im Zitronensaft marinieren.
Petersilie waschen, trockenschleudern und fein wiegen.
Knoblauchzehen schälen und durchpressen.
Hühnerbrühe aufkochen, Knoblauch, Petersilie, etwas Salz und Pfeffer zugeben, 10 Minuten ziehen lassen.
Speck in dünne Streifen schneiden, anbraten.
Kartoffeln, Hühnerfleisch (mit Zitronensaft) und Speck vermischen, in eine feuerfeste Form füllen, mit Hühnerbrühe übergießen und im Ofen bei 200 Grad 15 - 20 Minuten garen.

EW	Fett	KH	kcal/J
19 g	48 g	41 g	704/2957

1 kg fest kochende Kartoffeln,
250 g gebratenes Hühnerfleisch (Reste),
Saft von 4 Zitronen,
1/2 Bd. Petersilie,
2 Knoblauchzehen,
1/4 l Hühnerbrühe,
Salz,
Pfeffer,
200 g Speck

Kartoffel-Spinat-Auflauf

500 g Kartoffeln,
Salz,
weißer Pfeffer,
geriebene Muskatnuß,
2 Eigelb,
80 g Butter,
2 Eiweiß,
500 g Spinat,
Margarine zum Einfetten,
3 EL geriebener Parmesan,
1 Bd. Petersilie

Kartoffeln schälen, waschen, achteln. In Salzwasser 20 Minuten garen. Abgießen und ausdämpfen lassen; durch die Presse drücken oder durch ein Sieb in eine Schüssel streichen. Mit Pfeffer und Muskat würzen. Eigelb und 30 g Butter einrühren.
Eiweiß steif schlagen und unterheben.
Spinat verlesen, in einem Sieb kalt abbrausen. In Salzwasser 10 Minuten kochen, abschließend abgießen und in 30 g zerlassener Butter schwenken. Eine feuerfeste Form mit Margarine einfetten. Die Hälfte der Kartoffelmasse einfüllen. Spinat daraufgeben. Darüber restliches Kartoffelpüree verteilen. Mit Käse bestreuen und die restliche Butter in Flöckchen daraufsetzen.
Im vorgeheizten Ofen 30 Minuten bei 220 Grad (Gas: Stufe 5) backen.
Petersilie waschen, trockentupfen. Den fertigen Auflauf damit bestreuen.

EW	Fett	KH	kcal/J
10 g	23 g	20 g	337/1413

Kartoffeln überbacken

1 kg Kartoffeln,
Margarine zum Einfetten,
75 g Kräuterbutter (Fertigprodukt),
Salz,
150 g geriebener Emmentaler

Kartoffeln waschen, garen und kalt abschrecken. Schälen und in 1/2 cm dicke Scheiben schneiden. Eine flache, feuerfeste Form einfetten, mit Kartoffeln füllen.
50 g Kräuterbutter in Flocken darüber verteilen, mit den Kartoffeln mischen, salzen.
Mit Käse bestreuen. Restliche Kräuterbutter in Flöckchen daraufsetzen.
Auf mittlerer Schiene bei Mittelhitze 25 Minuten backen.

EW	Fett	KH	kcal/J
15 g	26 g	37 g	453/1901

Kartoffelrollen mit Grünkern

Kartoffeln garen. Grünkern im Einweichwasser etwa 20 Minuten zugedeckt kochen, dann bei ausgeschalteter Platte noch 5 - 10 Minuten ausquellen lassen.
Abgießen, abschrecken und abtropfen lassen.
Kartoffeln schälen, heiß durch eine Presse drücken und mit Ei, Pfeffer, Salz und Dickmilch verkneten.
Grünkernkörner und Paniermehl untermengen, Teig etwas ruhen lassen.
Aus der Masse mehrere Rollen von je etwa 50 g formen, in Paniermehl wenden und in heißem Öl rundherum goldbraun braten.

EW	Fett	KH	kcal/J
7 g	3 g	34 g	196/820

600 g mehlig kochende Kartoffeln,
50 g Grünkern (über Nacht eingeweicht),
1 Ei,
2 EL Sahnedickmilch,
Pfeffer,
etwas Meersalz,
1/2 TL Kümmel,
2 EL Paniermehl
Paniermehl zum Wenden,
Öl zum Ausbacken

TIP Kleingehackten Schnittlauch und Dickmilch dazu reichen.

Kartoffel-Gemüse-Gratin

200 g Lauch,
200 g zarte Zucchini,
200 g Fleischtomaten,
100 g Möhren,
600 g gekochte, geschälte Kartoffeln,
350 g Sahnedickmilch,
3 Eier,
100 g geriebener Emmentaler

Lauch waschen, putzen und in Ringe schneiden. Zucchini waschen und in Scheiben schneiden. Möhren waschen und mit den Tomaten in Scheiben schneiden.
Gemüse bis auf die Tomaten in Salzwasser 5 Minuten garen, abtropfen lassen.
Kartoffeln in Scheiben schneiden, abwechselnd mit dem anderen Gemüse in eine oder zwei feuerfeste Formen schichten, mit den Gewürzen leicht bestäuben.

Sahnedickmilch mit Eiern verquirlen, Käse untermischen, würzen und über das Gemüse verteilen. Auflauf im vorgeheizten Ofen bei 220 - 240 Grad 15 Minuten überbacken.
Heiß servieren.

EW	Fett	KH	kcal/J
21 g	22g	33 g	416/1741

Pfeffer,
Meersalz,
Knoblauch,
geriebene Muskatnuß

TIP Dazu einen Rohkostsalat aus den genannten Gemüsen servieren.

Kartoffelauflauf mit schwarzen Bohnen

Kartoffeln waschen, schälen, mit gemahlenem Kümmel in wenig Wasser garen, abgießen, die Kartoffeln abkühlen lassen, dann in dünne Scheiben schneiden. Bohnen samt Einweichwasser zum Kochen bringen, bei schwacher Hitze in 1 - 1 1/2 Stunden weichkochen, dabei ein mit Nelken, Senf- und Pimentkörnern gefülltes Mullsäckchen dazugeben. Wenn die Bohnen schon etwas weich sind, das Mullsäckchen entfernen und die Bohnen im Wasser mit gekörnter Brühe pikant würzen. Zwiebeln schälen und würfeln, Olivenöl erhitzen, Zwiebeln darin anschwitzen, aber nicht bräunen.
Bohnen abtropfen lassen (1/8 l Bohnenwasser zurückbehalten). Butter in einem Topf zerlassen, Mehl darüberstreuen und bei starker Hitze unter ständigem Rühren leicht bräunen. Bohnenwasser mit einem Schneebesen einrühren und ein paar Minuten bei leiser Hitze köcheln lassen. Mit Salz und Kümmel abschmecken. Sahne und verquirlte Eier unterrühren. Eine Auflaufform mit Olivenöl einfetten, den Boden mit der Hälfte der Kartoffelscheiben auslegen, leicht mit grobkörnigem Salz bestreuen. Die Hälfte der angeschmorten Zwiebeln darüber verteilen und darauf die Bohnen geben. Restliche Zwiebeln auflegen und darüber die Kartoffeln ausbreiten. Sahnesauce darübergießen und im Ofen bei 200 Grad etwa 30 - 40 Minuten backen.

EW	Fett	KH	kcal/J
13 g	37 g	39 g	553/2321

750 g Kartoffeln,
1 Prise gemahlener Kümmel,
300 g schwarze Bohnen (12 Stunden in Wasser eingeweicht),
2 Nelken,
1 TL Senfkörner,
8 Pimentkörner,
2 EL gekörnte Gemüsebrühe,
2 Zwiebeln,
3 EL Olivenöl,
1 EL Butter,
2 EL Weizenvollkornmehl,
Salz,
1 TL Kümmel,
1/8 l süße Sahne,
4 Eier,
Olivenöl zum Einfetten,
etwas grobkörniges Salz

TIP Dazu Weißwein und Baguette reichen.

Kartoffel-Brot-Auflauf

1 kg gekochte, geschälte Kartoffeln,
4 Knoblauchzehen,
4 EL Butter,
Salz,
4 große Scheiben Schwarzbrot,
100 g geriebener Emmentaler,
500 g kleine, gekochte Möhren,
1/4 l Milch,
50 g Mehl,
2 Eier,
Fett für die Form

Abgekühlte Kartoffeln in dünne Scheiben schneiden, die Hälfte in eine gefettete Auflaufform geben. Knoblauchzehen schälen und durch die Presse drücken, mit Butter und einer Prise Salz vermischen. Brotscheiben gleichmäßig auf beiden Seiten mit Knoblauchbutter bestreichen und in einer Pfanne auf beiden Seiten stark anbaten.
Zwei Scheiben Brot auf die Kartoffeln in der Form legen, etwas geriebenen Käse darüber streuen. Restliche Kartoffeln und klein gewürfelte Möhren darauflegen und glatt streichen.
Milch mit Butter und Salz erhitzen, Mehl einrühren und aufkochen. Ist die Masse etwas eingedickt, vom Feuer nehmen. Eier und die Hälfte des geriebenen Käses einrühren, die Sauce über die Kartoffeln gießen. Übrige Brotscheiben auflegen und restlichen Käse darüberstreuen.
Auflauf bei 220 Grad im vorgeheizten Ofen etwa 25 Minuten überbacken.

TIP Dazu schmeckt eine würzige Tomatensauce (S. 50).

EW	Fett	KH	kcal/J
23 g	16 g	75 g	556/2334

Holländischer Kartoffelauflauf

400 g mehlig kochende Kartoffeln,
3 Eier,
2 EL weiche Butter,
etwas abgeriebene Zitronenschale,
3 EL Honig,
1 Prise Salz,
100 ml Milch

Kartoffeln waschen, schälen und dämpfen.
Eier trennen, Eiweiß steif schlagen.
Kartoffeln durch die Kartoffelpresse drücken und mit Butter, abgeriebener Zitronenschale, Honig und Salz vermischen.
Eigelb mit Milch verquirlen und einrühren. Eischnee unter die Kartoffelmasse geben.
Eine tiefe Backform (1,5 l Inhalt) einfetten und die Kartoffelmasse einfüllen. Bei 180 Grad im vorgeheizten Ofen 20 - 30 Minuten backen.

EW	Fett	KH	kcal/J
8 g	12 g	25 g	243/1021

Kartoffel-Schmand-Kuchen

2 Zwiebeln schälen und sehr fein würfeln. Kartoffeln waschen, schälen und trockentupfen. Eine Hälfte grob, die andere fein raspeln.
Eier verquirlen, Kartoffeln mit Zwiebeln und Schnittlauch untermischen, salzen, pfeffern und mit Muskat würzen. Masse in eine gefettete Quicheform (Ø 28 cm) füllen und im 225 Grad heißen Ofen (Gas: Stufe 4) 20 - 25 Minuten backen.
Schmand mit Dill verrühren, salzen und pfeffern.
Tomaten waschen, Stielansätze entfernen und in dünne Scheiben schneiden. Restliche Zwiebeln schälen und in hauchdünne Ringe schneiden.
Kartoffelkuchen heiß in Stücke teilen, mit Schmand, Tomaten und Zwiebeln servieren.

EW	Fett	KH	kcal/J
19 g	42 g	46 g	624/2621

4 kleine Zwiebeln,
1 kg vorwiegend fest kochende Kartoffeln,
1 Bd. gehackter Schnittlauch,
6 Eier,
Salz,
Pfeffer aus der Mühle,
geriebene Muskatnuß,
Öl für die Form,
2 Bd. gehackter Dill,
375 g Schmand,
5 Tomaten

Frischer Spargel mit Kräuter-Blech-Kartoffeln

9 mittelgroße Kartoffeln,
2 EL Öl,
8 TL Kräuter der Provence,
1 kg weißer Spargel,
500 g grüner Spargel,
1 TL Zitronensaft,
1 Päckchen Sauce Hollandaise (Fertigprodukt),
2 TL Limettensaft,

Kartoffeln gründlich waschen und vierteln. Backblech und Kartoffeln mit Öl einstreichen.
Kartoffeln in Kräutern der Provence wälzen, auf das Backblech setzen. Im vorgeheizten Ofen bei 180 Grad (Gas: Stufe 2) 25 - 30 Minuten goldgelb backen.
Spargel putzen, mit einem Sparschäler von oben nach unten schälen, untere Enden abschneiden.
In Salzwasser mit Zitronensaft in etwa 10 - 15 Minuten garen.

Sauce Hollandaise nach Packungsanweisung zubereiten, mit Limettensaft abschmecken.
Spargel mit Sauce Hollandaise und Limettenschale anrichten, mit den Kräuterkartoffeln servieren.

EW	Fett	KH	kcal/J
12 g	25 g	49 g	480/2010

1 Msp. unbehandelte Limettenschale

TIP Dazu paßt gekochter, geräucherter oder luftgetrockneter Schinken.

Kartoffeln mit Pilzen

Kartoffeln waschen, dämpfen, schälen, und klein würfeln, mit Zitronensaft übergießen und etwas ziehen lassen.
Pilze putzen und in dünne Scheiben schneiden.
Tomaten über Kreuz einschneiden, kurz in kochendes Wasser tauchen und häuten.
Mit einem Teigschaber durch ein feinmaschiges Sieb streichen. Tomatenmus mit Brühe, Thymian und zerdrückten Knoblauchzehen kurz aufkochen, Kartoffeln und Pilze 2 - 3 Minuten mitkochen.
Mit Salz und Pfeffer abschmecken.

EW	Fett	KH	kcal/J
4 g	1 g	20 g	41/170

500 g fest kochende Kartoffeln,
1 EL Zitronensaft,
250 g Champignons,
2 Fleischtomaten,
1/4 l Brühe,
1 TL Thymian,
2 Knoblauchzehen,
Salz, Pfeffer

TIP Dieses Gericht läßt sich auch mit Sahne verfeinern oder mit Cayennepfeffer pikant würzen. Dazu helles Bauernbrot und Weißwein reichen.

Kartoffeln mit Olivensauce

Kartoffeln waschen, dämpfen und schälen.
Anschließend die noch heißen Kartoffeln in längliche Viertel schneiden und mit folgender Sauce bestreichen:
abgetropfte Oliven, Sardellenfilets, Öl, Chili und Tomatenmark im Mixer pürieren; mit Salz und Pfeffer abschmecken.

EW	Fett	KH	kcal/J
7 g	21 g	41 g	373/1568

1 kg fest kochende Kartoffeln,
150 g grüne entsteinte Oliven (Abtropfgewicht),
4 Sardellenfilets,
4 EL Olivenöl,
1/2 TL Chilipulver,
3 EL Tomatenmark,
Salz,
Pfeffer

TIP Dazu paßt helles Brot.

Kartoffeln mit Kresse

(Abb. S. 27)

650 g kleine, fest kochende Kartoffeln,
350 g grüner Spargel,
Salz,
4 EL Weißweinessig,
1 TL scharfer Senf,
2 EL Zitronensaft,
weißer Pfeffer aus der Mühle,
1 Prise Zucker,
5-6 EL Sonnenblumenöl,
2 Bd. Brunnenkresse,
Zitronenschnitze zum Garnieren

Kartoffeln in der Schale kochen. Vom Spargel die holzigen Enden entfernen und unteres Drittel schälen. Stangen schräg in 3 cm lange Stücke schneiden und in Salzwasser 5 Minuten bißfest kochen; mit kaltem Wasser abschrecken und abtropfen lassen.
Kartoffeln heiß schälen, halbieren und locker unter den Spargel heben.
Essig mit Senf, Zitronensaft, Salz, Pfeffer, Zucker und Öl verrühren; über die Salatzutaten träufeln und alles 30 Minuten ziehen lassen.
Kresseblättchen abzupfen, waschen und abtropfen lassen.
Salat nochmals abschmecken, Kresseblättchen locker untermischen.
Abschließend mit Zitronenschnitzen garnieren.

TIP Salat mit Lachsschinken verfeinern.

EW	Fett	KH	kcal/J
5 g	19 g	28 g	310/1300

Kartoffelpuffer

1,5 kg große Kartoffeln,
2 Zwiebeln,
3 Eier,
Salz,
1/4 l Öl zu Braten

Kartoffeln schälen und waschen. Mit Haushaltspapier abtrocknen. Auf der Reibe (feine Seite) in eine Schüssel reiben.
Zwiebeln schälen und reiben. Mit den Eiern zu den Kartoffeln geben; salzen und gut verrühren.
Öl portionsweise in einer Pfanne erhitzen.
Teig löffelweise hineingeben. Zu glatten, kleinen, möglichst dünnen Fladen verstreichen. Auf jeder Seite in 3 Minuten goldbraun und knusprig backen.
Sofort servieren.

TIP Passende Beilagen: Apfelmus, Preiselbeerkompott, Apfelkraut oder frischer Matjes mit grünen Bohnen und Zwiebelringen.

EW	Fett	KH	kcal/J
6 g	13 g	57 g	375/1576

Buttermilchquark mit Kartoffeln

1 kg vorwiegend fest kochende Kartoffeln,
500 g Magerquark,
250 g Buttermilch,
2 EL Walnußöl,
2 TL Kümmel,
2 Zwiebeln,
Pfeffer,
Salz,
1 Prise Zucker,
Dill oder Schnittlauch

Kartoffeln waschen und garen. Quark mit Buttermilch und Öl cremigrühren, Kümmel grob im Mörser zerstoßen, untermischen. Zwiebeln schälen und fein reiben, untermengen. Quark mit Pfeffer, Salz und Zucker würzen und nach Belieben feingewiegten Dill oder Schnittlauch unterrühren.
Kartoffeln abgießen und mit dem Quark servieren.

EW	Fett	KH	kcal/J
24 g	6 g	47 g	347/1452

Kartoffelpiroggen

Kartoffeln kochen, schälen, pürieren und abkühlen lassen. Mit Mehl, saurer Sahne und Eiern vermischen, leicht salzen und pfeffern. Für die Füllung Pfifferlinge putzen und etwas zerkleinern. Zwiebeln schälen und fein hacken. Butter in einer Pfanne zerlassen und alle Zutaten für die Füllung leicht anbraten.
Aus der Kartoffelmasse mittelgroße Knödel formen, kurz in Mehl wälzen und flachdrücken, so daß sie knapp 1 /2 cm dick sind. In die Mitte jedes Fladens etwas Füllung geben. Fladen halbmondförmig zusammenlegen, an den Rändern zusammendrücken. Ein Blech einfetten und die Piroggen nebeneinander daraufsetzen.
Eigelb mit einem Eßlöffel Wasser vermischen und die Piroggen damit bestreichen. Bei 180 Grad zu goldgelber Farbe backen.

EW	Fett	KH	kcal/J
12 g	17 g	51 g	415/1744

1 kg mehlig kochende Kartoffeln,
2-3 EL Mehl,
4 EL saure Sahne,
2 Eier,
Salz,
Pfeffer,
400 g Pfifferlinge,
2 kleine Zwiebeln,
2 EL Butter,
Mehl zum Wenden,
1 Eigelb,
Fett für das Blech

Kartoffelblinis

Mehl in eine Schüssel sieben, in die Mitte eine Mulde drücken, Hefe hineinbröckeln, etwas warme Milch dazugießen. Hefe darin auflösen und nach und nach mit Mehl sowie einer Prise Salz verrühren.
Schüssel mit einem Tuch bedeckt 10 Minuten an einem warmen Ort gehen lassen. Kartoffeln waschen, schälen, dämpfen und durch ein Sieb passieren. Kartoffelbrei in einer Schüssel mit Butter und Sahne gut vermischen. Mehlteig mit Eiern und Kartoffelbrei vermischen und 10 Minuten gehen lassen.
Aus der Masse in heißem Fett kleine Pfannkuchen backen; die fertigen warm stellen.

EW	Fett	KH	kcal/J
11 g	41 g	58 g	661/2776

150 g Mehl,
1 Würfel Hefe (42 g),
1/4 l Milch,
Salz,
750 g mehlig kochende Kartoffeln,
50 g Butter,
1/8 l süße Sahne,
Fett zum Ausbacken

TIP Die Kartoffelblinis mit deutschem Kaviar und saurer Sahne servieren.

Tiroler Gröstl

800 g fest kochende Kartoffeln,
3 große Zwiebeln,
50 g geräucherter Speck,
4 EL Margarine,
400 g Fleischreste (vorzugsweise Bratenfleisch),
Salz,
Pfeffer,
Kümmel nach Geschmack,
3 Eier,
2 EL gehackte Petersilie

TIP Wenn noch Bratensauce übrig ist, diese zum Schluß ins Gröstl rühren.

Die Kartoffeln waschen, schälen, dämpfen und abkühlen lassen, in dünne Scheiben schneiden.
Zwiebeln schälen und in dünne Ringe schneiden.
Speck klein würfeln, mit Zwiebeln in zerlassener Margarine anbraten.
Fleischreste in kleine Würfel schneiden, zugeben, leicht anrösten.
Kartoffelscheiben hinzufügen und mitrösten; mit den Gewürzen abschmecken.
Eier mit Petersilie unterrühren. Sobald die Eier etwas angedickt sind, das Tiroler Gröstl heiß servieren.
Dieses Gericht eignet sich gut zur Resteverwertung.

EW	Fett	KH	kcal/J
28 g	39 g	34 g	629/2641

Schichtkartoffeln

1,5 kg fest kochende Kartoffeln,
100 g frische Champignons,
100 g Salami in dicken Scheiben,
100 g Butter,
200 g Krabben (tiefgekühlt),
2 Knoblauchzehen,
Salz,
Pfeffer

Kartoffeln waschen, schälen, dämpfen, etwas abkühlen lassen und in dünne Scheiben schneiden.
Champignons putzen, in dünne Scheiben schneiden.
Salamischeiben halbieren.
Eine niedrige feuerfeste Keramikform mit etwas Butter einfetten, Kartoffelscheiben aufrecht nebeneinander schichten, dazwischen die Champignons, Krabben und Salamischeiben verteilen. Knoblauch schälen, fein hacken und über die Schichtkartoffeln verteilen; mit etwas Salz und Pfeffer bestreuen.
Ofen auf 200 Grad vorheizen, Schichtkartoffeln gut mit einem Teil der Butter bestreichen und auf mittlerer Schiene 15 Minuten backen.
Nach der halben Backzeit nochmals gut mit Butter bestreichen und heiß mit der restlichen Butter servieren.

EW	Fett	KH	kcal/J
20 g	33 g	56 g	622/2610

Sahnerösti mit Speck

Räucherspeck fein würfeln.
Butter in einer beschichteten Pfanne erhitzen, Speck darin anbraten.
Kartoffeln schälen und in feine Scheibchen schneiden, nach und nach zum Speck geben und anrösten.
Unter vorsichtigem Wenden goldbraun braten und würzen.
Petersilie unter die Sahnedickmilch rühren, Käse untermischen und die Masse über die Kartoffeln verteilen.
Noch gut 5 Minuten garen.

EW	Fett	KH	kcal/J
15 g	35 g	31 g	493/2063

100 g durchwachsener Räucherspeck,
3 EL Butter,
700 g fest kochende Kartoffeln,
Pfeffer, Salz,
geriebene Muskatnuß,
3 EL feingewiegte Petersilie,
175 g Sahnedickmilch,
100 g geriebener Emmentaler

TIP Zu den Rösti paßt jede Sorte Blattsalat, außerdem Tomaten-, Bohnen- und Gurkensalat.

Gefüllte Kartoffelrolle

1 kg Kartoffeln,
150 g Mehl,
4 Eier,
Salz,
Muskat,
300 g Hackfleisch,
1/2 Brötchen
1/2 Zwiebel,
Pfeffer,
Senf,
Paprikapulver,
2 EL gehackte Petersilie,
Bratfett

Kartoffeln waschen, schälen, dämpfen. Heiß durch die Kartoffelpresse drücken. Mehl, 2 Eier, Salz und Muskat hinzugeben und rasch einen lockeren Teig herstellen. Brötchen einweichen, Zwiebel kleinschneiden. Hackfleisch, fest ausgedrücktes Brötchen, Zwiebel, 2 Eier, Pfeffer, Salz, Senf, Paprika und Petersilie gut vermischen und pikant abschmecken.
Kartoffelteig auf Alufolie etwa 1/2 cm dick rechteckig ausrollen. Hackfleischteig darauf verteilen. Untere Kante knapp einschlagen und den Teig aufrollen. Dann in 1 1/2 cm dicke Scheiben schneiden und in heißem Bratfett von beiden Seiten goldgelb braten.

EW	Fett	KH	kcal/J
26 g	39 g	26 g	599/2511

Deftige Bauernpfanne

Kartoffeln waschen, schälen und nicht zu weich dämpfen.
Speck würfeln, Pfälzer in Scheiben schneiden.
Zwiebeln schälen und grob zerhacken, Tomaten achteln.
Bratfett in einer großen Pfanne erhitzen, Speck, Zwiebeln und Pflälzer kurz anbraten, bis die Zwiebeln glasig sind.
Kartoffeln in Scheiben schneiden, dazugeben und in 10 - 15 Minuten schön knusprig braten.
Eier und Tomaten hinzugeben und deftig würzen.

EW	Fett	KH	kcal/J
20 g	71 g	40 g	917/3852

1 kg fest kochende Kartoffeln,
200 g durchwachsener, geräucherter Speck,
3 Pfälzer Würste,
2 Zwiebeln,
2 geschälte Tomaten,
Bratfett,
1 EL Kümmel,
1 TL Paprikapulver edelsüß,
Salz,
Pfeffer,
4-6 Eier

Kartoffelplätzchen mit Salbei und Schinken

Kartoffeln waschen, schälen und roh in feine Streifen schneiden (oder eine Küchenmaschine mit feinem Reibeinsatz benutzen).
Sind die Kartoffeln sehr wäßrig, zum Abtropfen kurz in ein Sieb geben; mit saurer Sahne vermischen.
Eier, Grieß und geschälte, fein gewiegte Zwiebel einrühren.
Schinken und Salbeiblätter in sehr feine Streifen schneiden und untermischen. Mit den Gewürzen und zerdrückter Knoblauchzehe abschmecken.
In einer großen Pfanne Fett erhitzen, mit einem kleinen Schöpflöffel kleine Häufchen Kartoffelteig hineingeben und glatt streichen; auf beiden Seiten knusprig goldbraun backen, auf Küchenkrepp abtropfen und sofort servieren.

EW	Fett	KH	kcal/J
14 g	26 g	44 g	477/2003

1 kg mehlig kochende Kartoffeln,
3 EL saure Sahne,
2 Eier,
2 EL grober Grieß,
1 Zwiebel,
100 g gekochter Schinken,
2-4 frische Salbeiblätter,
Salz,
Pfeffer,
1 Knoblauchzehe,
Fett zum Ausbacken

TIP Zerlassene Kräuterbutter, Tomatensauce mit etwas Parmesan oder warm aufgeschlagenen Quark dazu reichen.

Kartoffelpfannkuchen mit Speck

(Abb. S. 35)

1 kg fest kochende Kartoffeln,
150 g Zwiebeln,
150 g durchwachsener Speck,
Pfeffer,
geriebene Muskatnuß,
3 Eier,
50 g Buttermilch,
50 g Mehl,
50 g Sonnenblumenöl,
Schnittlauch

Kartoffeln schälen und grob raffeln. In einem sauberen Baumwolltuch etwas ausdrücken.
Zwiebeln und Speck fein würfeln und ohne Fettzugabe anbraten. Zu den Kartoffelraspeln geben, würzen.
Eier mit Buttermilch und Mehl verquirlen, unter die Kartoffelmischung ziehen, gleichmäßig verrühren.
Eine beschichtete Pfanne erhitzen, leicht mit Öl ausstreichen und aus dem Teig nacheinander 8 dicke Pfannkuchen backen. Zwischendurch Pfanne immer wieder leicht fetten.
Pfannkuchen bis zum Servieren warmhalten, mit Schnittlauch bestreut anrichten.

EW	Fett	KH	kcal/J
16 g	42 g	51 g	646/2703

Bayerische Kartoffelmaultaschen

Kartoffelteig von 1 kg Kartoffeln (siehe Grundrezept S. 32),
1 Zwiebel,
150 g geräucherte Speckwürfel,
2 EL feingewiegte Petersilie,
8 EL saure Sahne,
Salz, Pfeffer,
100 g flüssige Butter

TIP Die Maultaschen nach 30 Minuten Backzeit aus dem Ofen nehmen und mit geriebenem Käse bestreuen, dann fertig backen.

Kartoffelteig vorbereiten.
Zu einer dicken Stange rollen und 1/2 cm dicke desserttellergroße Scheiben mit einem Faden abschneiden.
Zwiebeln schälen, sehr fein hacken und mit den restlichen Zutaten mischen.
Kartoffelscheiben mit der Füllung bestreichen und aufrollen; in einen gut gefetteteten flachen Kochtopf nebeneinander setzen und mit flüssiger Butter bestreichen.
Maultaschen bei 220 Grad im vorgeheizten Ofen 45 - 50 Minuten backen.

EW	Fett	KH	kcal/J
7 g	62 g	43 g	771/3236

Kartoffellasagne

(für 4 - 6 Personen)

3 Zwiebeln,
1 Knoblauchzehe,
100 g durchwachsener Speck,
500 g Hackfleisch,
150 g Butter,
75 ml Rotwein,
1/2 l heiße Fleischbrühe,
2 EL Tomatenmark,
Salz,
Pfeffer,
3/4 l heiße Milch,
50 g Mehl,
geriebene Muskatnuß,
1,5 kg gedämpfte, fest kochende Kartoffeln,
300 g Mozzarella,
6 EL Parmesan

Zwiebeln und Knoblauch schälen, fein wiegen, Speck klein würfeln.
Alles gut mit dem Hackfleisch mischen.
Butter zerlassen, Hackfleisch kräftig anbraten. Rotwein dazugeben und ein wenig verdampfen lassen.
Eine Tasse heiße Fleischbrühe aufgießen und bei schwacher Hitze leise köcheln lassen, bis die Brühe fast verdampft ist.
Tomatenmark und restliche Brühe dazugeben und würzig abschmecken.
1/4 l Milch dazugießen und das Ragout 20 Minuten leise köcheln lassen.
Für die Béchamelsauce Butter in einem Topf schmelzen lassen, 50 g Mehl dazugeben und unter ständigem Rühren gelb anbraten, restliche Milch hinzufügen. Mit Muskat, Salz und Pfeffer abschmecken, nochmals aufkochen, warm stellen.
Abgekühlte Kartoffeln schälen und in sehr dünne Scheiben schneiden.
Mozzarella klein würfeln.
Eine Auflaufform dick mit Butter einstreichen.
Ofen auf 180 Grad vorheizen.
Eine dünne Lage Kartoffelscheiben auf den Boden der Auflaufform legen.
Mit einer Suppenkelle etwas Ragout darüber verteilen (die Sauce sollte die Kartoffeln etwa 1/2 cm bedecken).
Darauf eine Schicht Béchamelsauce verteilen und einige Mozzarellawürfelchen darüber streuen.
Abwechselnd eine weitere Schicht Kartoffeln, Ragout, Béchamelsauce und Mozzarella schichtweise auffüllen, bis die gesamten Zutaten verbraucht sind.
Letzte Kartoffelschicht mit Béchamelsauce bestreichen und viel Parmesankäse darüberstreuen.
Restliche Butter in Flöckchen darüber geben.
Die Kartoffellasagne so lange backen, bis sich eine Kruste gebildet hat.

TIP Sehr heiß mit italienischem Rotwein servieren.

EW	Fett	KH	kcal/J
59 g	95 g	80 g	1596/6701

Heißer Kartoffelsalat

(für 3 Personen)

Kartoffeln als Pellkartoffeln garen, schälen und in Scheiben schneiden. Frühlingszwiebeln putzen, waschen und in dünne Ringe schneiden. Paprikaschote putzen, waschen und in Streifen schneiden. Forellenfilet in mundgerechte Stücke teilen. Sahne, Gemüsebrühe, Essig und Mehlschwitze verrühren. Gemüse und Forellenfilet vorsichtig untermischen. Salat mit Petersilie, Thymian, Pfeffer und Salz pikant abschmecken.
Eine feuerfeste Form einölen. Kartoffelsalat einfüllen, mit Käse und Sonnenblumenkernen bestreuen. Im vorgeheizten Ofen bei 200 Grad 30 Minuten backen. Mit Blattsalaten und Baguette servieren.

EW	Fett	KH	kcal/J
14 g	26 g	38 g	458/1923

750 g Salatkartoffeln,
Salz,
1/2 Bd. Frühlingszwiebeln,
1 rote Paprikaschote,
120 g geräuchertes Forellenfilet,
200 ml süße Sahne,
2 TL Gemüsebrühe (Instant),
2 EL Weißweinessig,
1-2 EL helle Mehlschwitze (Fertigprodukt),
1 EL gehackte Petersilie,
Thymian,
Pfeffer aus der Mühle,
Kräutersalz, 1 EL Öl,
2 EL geriebener Emmentaler,
2 EL Sonnenblumenkerne

Kartoffeln nach badischer Art (Abb. S. 38)

(für 6 Personen)

Möhren waschen, in Scheiben schneiden, 1 Zwiebel achteln und Knoblauch halbieren. Fleisch würfeln, mit den Gewürzen mischen Alles zusammen mit Wein bedeckt zugedeckt über Nacht marinieren.
Kartoffeln und Zwiebeln schälen und in Scheiben schneiden. Die halbe Menge in den gewässerten Tontopf füllen, würzen. Fleisch, Kartoffeln und Zwiebeln einschichten, würzen; dann mit gesiebter Marinade begießen.
Mit Schmalzflöckchen belegen und zugedeckt in den kalten Ofen stellen. Gut 1 Stunde bei 200 Grad (Gas: Stufe 3) und weitere 3 Stunden bei 150 Grad (Gas: Stufe 1) garen. Sofort servieren.

EW	Fett	KH	kcal/J
56 g	63 g	62 g	737/3094

3 Möhren,
500 g Zwiebeln,
1 Knoblauchzehe,
350 g Schweinenacken,
450 g Rinderbrust,
400 g Lammschulter,
Pfeffer,
2 Gewürznelken,
1 Lorbeerblatt,
3 Zweige Thymian,
Salz,
1 l trockener Weißwein,
1,5 kg vorwiegend festkochende Kartoffeln,
1 EL Butterschmalz

Kartoffelgemüse nach ungarischer Art

Kartoffeln schälen und würfeln.
Paprikaschoten waschen, halbieren, von Kernhaus und Stielansatz befreien und in sehr feine Streifen schneiden.
Salami klein würfeln.
Knoblauchzehen schälen und in feine Blättchen schneiden.
Öl erhitzen. Salamiwürfel und Knoblauch darin anbraten.
Fleischbrühe dazugießen, Paprikaschoten, Kartoffeln und Paprikapulver hinzufügen und bei leiser Hitze köcheln, bis die Kartoffeln weich sind.
Gemüse mit Salz und Pfeffer abschmecken.

EW	Fett	KH	kcal/J
10 g	30 g	3 g	333/1399

2 kg mehlig kochende Kartoffeln,
je 1 rote und 1 grüne Paprikaschote,
200 g ungarische Salami,
2 Knoblauchzehen,
2 EL Öl,
1 l Fleischbrühe,
2 EL Paprikapulver edelsüß,
Salz, weißer Pfeffer

TIP Sie können das Gemüse noch zusätzlich verfeinern, indem Sie 2-3 EL Crème fraîche hinzufügen.

Kartoffelauflauf mit Schinken

1 kg Kartoffeln,
Salz,
200 g Schinkenspeck,
1 Zwiebel,
Margarine zum Einfetten,
2 EL Mehl,
1/2 l saure Sahne,
1 EL Paniermehl,
50 g geriebener Emmentaler,
30 g Butter

Kartoffeln waschen, in Salzwasser garen, abgießen; abschrecken, schälen und abkühlen lassen; in Scheiben schneiden.
Schinkenspeck würfeln. Zwiebel schälen, würfeln.
Eine feuerfeste Form einfetten.
Die Hälfte der Kartoffeln einfüllen. Schinkenspeck und Zwiebeln als Mischung, daraufgeben, darüber die restlichen Kartoffeln.
Mehl mit 3 EL saurer Sahne glattrühren. Restliche saure Sahne und Ei hinzufügen, verquirlen und salzen.
Über die Kartoffeln gießen.
Mit Paniermehl und Käse bestreuen.
Butter in Flöckchen daraufsetzen. Im vorgeheizten Ofen auf mittlerer Schiene 40 Minuten backen.

EW	Fett	KH	kcal/J
19 g	78 g	50 g	961/4036

Gefüllte Kartoffeln

8 gleichgroße Kartoffeln,
Salz,
1 Brötchen
1 Zwiebel,
30 g Margarine,
200 g Schweinehackfleisch,
1 Ei,
weißer Pfeffer,
1 Prise Majoran,
Margarine zum Einfetten,
1/4 l saure Sahne,
50 g geriebener Emmentaler,
30 g Butter,
1 Bd. Petersilie

Kartoffeln waschen, schälen und in Salzwasser in 15 Minuten halbgar kochen. Abgießen, ausdämpfen und etwas abkühlen lassen. Brötchen in Wasser einweichen. Zwiebel schälen und fein hacken. Margarine erhitzen, Zwiebel darin in 5 Minuten goldgelb braten. Hackfleisch 10 Minuten mitbraten; in eine Schüssel geben. Ei, Gewürze und ausgedrücktes Brötchen dazugeben und verkneten. Von jeder Kartoffel einen Deckel abschneiden. Kartoffeln mit einem Kartoffelbohrer vorsichtig aushöhlen. Fleischmasse einfüllen. Deckel wieder aufsetzen.
Eine feuerfeste Form einfetten, Kartoffeln hineinsetzen. Mit verquirlter saurer Sahne übergießen und mit Käse bestreuen. Butter in Flöckchen daraufsetzen. Im vorgeheizten Ofen 15 Minuten bei 200 Grad (Gas: Stufe 4) backen. Petersilie trockentupfen. Kartoffeln mit Petersilie garniert servieren.

EW	Fett	KH	kcal/J
21 g	29 g	44 g	589/2474

Kartoffelgratin mit Speck

Kartoffeln schälen, in 4 mm dicke Scheiben schneiden, in Salzwasser halbgar kochen, abgießen.
Gratinform mit Butter einfetten, Kartoffelscheiben einschichten.
Speck würfeln, Lauch in Ringe schneiden. In Öl 5 Minuten unter Rühren dünsten. Über die Kartoffeln verteilen.
100 g Schmelzkäse Salami mit Sahne, Eiern und Gewürzen gut verquirlen. Über die Kartoffeln gießen. Im 200 - 225 Grad heißen Backofen 45 - 50 Minuten backen. Nach 30 Minuten Backzeit restlichen Schmelzkäse in kleinen Klecksen darübergeben.

EW	Fett	KH	kcal/J
19 g	60 g	62 g	882/3704

1, 5 kg fest kochende Kartoffeln,
10 g Butter zum Einfetten,
100 g Schinkenspeck,
1 Stange Lauch,
1 EL Öl,
150 g Schmelzkäse Salami,
200 ml süße Sahne,
3 Eier,
Salz,
Pfeffer,
1/2 TL Kräuter der Provence

Kartoffelsalat mit Garnelen

750 g fest kochende Kartoffeln,
1/8 l Gemüsebrühe,
50 g Löwenzahnblätter,
1 Bd. Frühlingszwiebeln,
8 Riesengarnelen (tiefgekühlt),
1 TL Zitronensaft,
3 EL Weißweinessig,
Salz,
Pfeffer,
Zucker,
7 EL Maiskeimöl

Kartoffeln in der Schale kochen, schälen, halbiert in Scheiben schneiden, mit Brühe übergießen; abkühlen lassen.
Löwenzahn waschen, abtropfen lassen und in mundgerechte Stücke schneiden. Zwiebeln schälen und würfeln.
Garnelen nach Vorschrift auftauen, in Salzwasser aufkochen, ein paar Minuten ziehen lassen, herausnehmen und mit Zitronensaft beträufeln.
Mit Kartoffeln, Löwenzahn und Zwiebeln locker vermengen.
Essig mit Gewürzen und Öl verrühren, über den Salat gießen, 20 Minuten ziehen lassen.

TIP Mit Zitronenspalten garnieren.

EW	Fett	KH	kcal/J
27 g	23 g	30 g	450/1886

Shrimpskartoffeln in Currysahne mit Spinat

Kartoffeln mit Schale etwa 10 Minuten kochen, abschrecken und schälen. In Abständen von etwa 1 cm keilförmige kleine Stücke herausschneiden. Shrimps hineinfüllen. Kartoffeln in eine gefettete Auflaufform legen. Klare Brühe mit Crème fraîche verrühren. Mit Curry, Kurkuma und Pfeffer würzen. Über die Kartoffeln verteilen.
Im vorgeheizten Ofen bei 200 Grad 30 - 45 Minuten garen. Kartoffeln ab und zu mit Sauce übergießen. Spinat putzen, waschen und abtropfen lassen. Zwiebeln schälen und hacken. Im heißen Öl andünsten. Spinat und ausgeschnittene Kartoffelstücke hinzufügen, etwa 5 Minuten mitdünsten; salzen und pfeffern.

EW	Fett	KH	kcal/J
15 g	31 g	33 g	485/2050

1 kg fest kochende Kartoffeln,
100 g Shrimps,
1/4 l Klare Brühe (Fertigprodukt),
300 g Crème fraîche,
1 TL Curry,
Kurkuma,
weißer Pfeffer,
800 g Spinat,
2 Zwiebeln,
2-4 EL Öl,
Salz,
weißer Pfeffer

Béchamelkartoffeln mit Räucherlachs (Abb. S 45)

1 kg vorwiegend fest kochende Kartoffeln,
Salz,
2 Zwiebeln,
1 Möhre,
1 Stück Knollensellerie,
80 g Schinkenspeck,
1 Bd. Petersilie,
40 g Butter,
40 g Mehl,
1/2 l Milch,
1/4 l süße Sahne,
geriebene Muskatnuß,
weißer Pfeffer aus der Mühle,
1 Bd. Schnittlauch,
400 g Räucherlachs, in dünnen Scheiben

Kartoffeln in Salzwasser 25 Minuten kochen, ausdampfen lassen und schälen.
Zwiebel, Möhre und Sellerie schälen und würfeln, Schinkenspeck würfeln. Petersilie waschen, trockentupfen, Blättchen beiseite legen und Stengel grob zerschneiden.
Speck auslassen, Fett zugeben, Gemüse darin weich dünsten. Mit Mehl bestäuben und unter Rühren durchschwitzen lassen.
Milch und Sahne einrühren, würzen und alles in 30 Minuten zu einer sämigen Sauce kochen; durch ein Sieb gießen und wieder erhitzen.
Kartoffeln in Scheiben schneiden, in der Sauce erhitzen, abschmecken.
Mit Schnittlauch und gehackten Petersilienblättern bestreuen; mit Räucherlachs servieren.

EW	Fett	KH	kcal/J
25 g	52 g	62 g	805/3380

Kartoffeln »Parma«

1 kg vorwiegend fest kochende Kartoffeln,
4-6 EL Butter,
1 TL Zitronensaft,
3 feingehackte Salbeiblätter,
Salz,
Pfeffer,
150 g Parmaschinken,
4 cl Weißwein

Kartoffeln kochen, schälen, in Scheiben schneiden.
Butter zerlassen, Kartoffeln darin goldbraun braten; dabei mit Zitronensaft, Salbei, Salz und Pfeffer würzen.
Parmaschinken in breite Streifen schneiden.
Kartoffeln mit Weißwein ablöschen, Schinkenstreifen vorsichtig einrühren und zugedeckt 1 - 2 Minuten bei mäßig warmer Hitze ziehen lassen.
Eventuell mit etwas Pfeffer nachwürzen.

EW	Fett	KH	kcal/J
12 g	23 g	37 g	420/1763

Kartoffelstrudel mit Lachs

450 g mehlig kochende Kartoffeln,
2 Eigelb,
80 g Grieß,
Salz,
Pfeffer,
geriebene Muskatnuß,
150 g Spinat,
400 g frischer Lachs,
175 Crème double,
Zitronensaft,
25 g Servuga-Kaviar

Kartoffeln schälen, würfeln und in Salzwasser etwa 20 Minuten garen; abgießen, durch eine Kartoffelpresse drücken. Eigelb, Grieß und Gewürze hinzufügen und alles zu einer geschmeidigen Masse verarbeiten. Spinat verlesen, waschen und blanchieren, trockentupfen. Kartoffelmasse auf ein angefeuchtetes Küchentuch verteilen und 1 cm dick rechteckig ausrollen. Spinatblätter darauf verteilen, gewürfelten Lachs darübergeben, salzen. Strudel aufrollen. Tuch an beiden Enden zubinden, mit Küchengarn umwickeln, in reichlich siedendem Salzwasser 25 Minuten ziehen lassen. Crème double aufschlagen, mit Salz und Zitronensaft abschmecken, Kaviar unterheben. Strudel aus dem Wasser nehmen und in Scheiben schneiden. Mit Kaviar-Sahne servieren.

EW	Fett	KH	kcal/J
28 g	35 g	34 g	583/2447

Kaviarkartoffeln (Abb. links)

Kartoffeln waschen, garen, abgießen und auf abgeschaltetem Herd im offenen Topf dämpfen, bis sie rundherum trocken sind.
Eier schälen, halbieren. Eigelb durch ein Sieb passieren und mit 2 EL Sahne und Zitronensaft verrühren.
Nach und nach tropfenweise Öl und dann die restliche Sahne mit Crème fraîche untermischen.
Mit Pfeffer würzen.
Hartgekochtes Eiweiß fein würfeln und mit dem Kaviar unter die Sauce ziehen.
Mit Salz abschmecken und getrennt zu den Kartoffeln servieren.

EW	Fett	KH	kcal/J
10 g	26 g	38 g	422/1773

1 kg kleine fest kochende Kartoffeln,
2 hartgekochte Eier,
4 EL saure Sahne,
Saft von 1 Zitrone,
3 EL Öl,
2 EL Crème fraîche,
weißer Pfeffer aus der Mühle,
2-4 EL deutscher Kaviar oder Forellenkaviar,
Salz

Kartoffeln nach kanarischer Art

(Abb. S. 47, rechts)

750 g kleine fest kochende Kartoffeln,
Salz,
6 Knoblauchzehen,
2 EL Paniermehl,
6 EL Olivenöl,
2 EL Paprikapulver edelsüß,
1 TL Kreuzkümmelpulver,
Cayennepfeffer,
Pfeffer aus der Mühle,
1-2 EL Rotweinessig

Kartoffeln waschen, knapp zur Hälfte mit Wasser bedecken, mit 4 EL Salz bestreuen, 5 Minuten kräftig kochen lassen, dann bei Mittelhitze im offenen Topf 15 - 20 Minuten garen. Die letzten 8 Minuten Hitze verstärken, damit das Wasser verdampft. Kartoffeln im trockenen Topf anrösten. Knoblauch schälen, zerdrücken und mit Paniermehl im Öl andünsten. Mit den Gewürzen im Mörser zerstampfen, Essig unterrühren und zu den heißen Kartoffeln servieren.

EW	Fett	KH	kcal/J
4 g	23 g	36 g	367/1540

Kartoffelpastete

500 g geschälte Kartoffeln vom Vortag,
2 saure Äpfel,
300 g Lauch,
2 EL Öl,
500 g Blätterteig (tiefgekühlt),
1 EL Butter,
Salz,
Pfeffer,
400 g geriebener Gouda,
1 EL getrocknetes Basilikum,
1 Eigelb,
1/4 TL Paprikapulver edelsüß

Geschälte Kartoffeln in dünne Scheiben schneiden. Äpfel schälen, von Kernhaus und Stiel befreien und in hauchdünne Scheiben schneiden. Lauch putzen, in dünne Ringe schneiden, in Öl anbräunen. Blätterteig nach Vorschrift auftauen und ausrollen. Eine runde feuerfeste Keramikform mit weicher Butter auspinseln und den Boden der Form mit etwa der Hälfte des Teiges auslegen. Der Blätterteig soll so in der Form liegen, daß er dicht abschließt. Mit einer Gabel mehrmals einstechen. Eine dünne Schicht Kartoffeln auf den Teigboden legen, etwas salzen und pfeffern. Gouda darüberstreuen und mit den gebräunten Lauchringen belegen. Mit etwas Basilikum bestreuen und die Apfelscheiben flach darauf verteilen. Zweite Teighälfte als Abdeckung darauflegen und am Rand gut festdrücken. Mit einer Mischung aus aufgeschlagenem Eigelb, Paprika und etwas Pfeffer bestreichen. Die Pastete im vorgeheizten Ofen bei 225 Grad 25 - 30 Minuten goldbraun backen.

EW	Fett	KH	kcal/J
36 g	77 g	75 g	1127/4732

TIP Eine leckere Vorspeise oder auch einmal etwas anderes für die Party. Dazu frischen grünen Salat und einen guten Rosé servieren.

Kartoffeln mit Matjesfilets

Kartoffeln waschen, als Pellkartoffeln garen, trockendämpfen und schälen.
Bohnen putzen und mit Bohnenkraut in Salzwasser etwa 20 Minuten kochen.
Frühstücksspeck kurz anbraten, warm stellen.
Räucherspeck fein würfeln, ausbraten, Grieben herausnehmen.
Bohnen mit etwas Speckfett mischen, salzen, pfeffern, bündeln und mit Speckscheiben umwickeln.
Kartoffeln im übrigen Speckfett erhitzen, mit Grieben und Petersilie bestreuen.
Matjesfilets mit Zwiebelringen belegen, mit Kartoffeln und Bohnen servieren.

EW	Fett	KH	kcal/J
36 g	87 g	46 g	1142/4795

1 kg kleine, vorwiegend fest kochende Kartoffeln,
500 g grüne Bohnen,
1 Bd. Bohnenkraut,
Salz,
4 Scheiben Frühstücksspeck,
175 g Räucherspeck,
Pfeffer aus der Mühle,
2 EL gehackte Petersilie,
8 gut gekühlte Matjesfilets,
2 Zwiebeln

Gnocchi *(Grundrezept)*

1 kg mehlig kochende Kartoffeln,
200 g Mehl,
3-4 Eigelb,
1/4 TL weißer Pfeffer,
Salz,
1/2 EL Majoran,
Butterflocken

Kartoffeln waschen, schälen und dämpfen; noch heiß durch die Kartoffelpresse drücken. Mit Mehl, Eigelb, Pfeffer, Salz und Majoran vermischen; einen weichen Teig kneten und zu kleinen Nocken formen. Nocken in kochendes Salzwasser legen (nicht zu viele auf einmal, damit sie nicht zusammenkleben!).
15 - 20 Minuten garen. Sie sind fertig, wenn sie an der Wasseroberfläche schwimmen; mit einem Schaumlöffel herausnehmen. Mit Butterflöckchen garnieren.

EW	Fett	KH	kcal/J
12 g	11 g	72 g	445/1868

Gnocchi mit würziger Tomatensauce

2 Tomaten,
2 EL Kapern,
1 TL Oregano,
1/4 TL Basilikum,
Salz, Pfeffer,
1/4 l passierte Tomaten,
2 Knoblauchzehen,
2 EL Butter,
Gnocchi von 1 kg Kartoffeln,
Parmesan zum Bestreuen

TIP Dazu einen Chianti reichen.

Tomaten über Kreuz einschneiden, kurz überbrühen, häuten, achteln und das wäßrige Fruchtfleisch mitsamt Kernen herausnehmen. Tomatenstücke, Kapern und Gewürze in die passierten Tomaten rühren und 5 Minuten leise köcheln lassen.
Knoblauchzehen schälen, in hauchdünne Blättchen schneiden, kurz in Butter anschwitzen und in die Tomatensauce rühren. Sauce abschmecken und heiß zu den Gnocchi servieren. Parmesan dazu reichen.

EW	Fett	KH	kcal/J
16 g	15 g	75 g	509/2139

Gnocchi mit Salamistreifen

150 g dünn aufgeschnittene, luftgetrocknete italienische Salami,
1 Knoblauchzehe,
20 g Butter,
kalte Gnocchi von 1 kg Kartoffeln (siehe Grundrezept)

Salami in sehr feine Streifen schneiden, Knoblauch schälen und durch die Presse drücken; beides miteinander vermischen. Butter in einer Pfanne zerlassen, Salami leicht anbraten und unter die Gnocchi mischen; erwärmen und abschmecken.

EW	Fett	KH	kcal/J
18 g	29 g	72 g	642/2697

Kartoffel-Lachs-Salat

Geschälte abgekühlte Kartoffeln würfeln.
Perlzwiebeln abtropfen, halbieren, geschälte Eier grob hacken.
Joghurt mit Salz, Pfeffer und einer Prise Zucker würzen.
Kräuter waschen, trockentupfen, fein hacken.
Mit den restlichen vorbereiteten Zutaten unter die Marinade ziehen, etwa 2 Stunden durchziehen lassen.
Salat putzen, waschen, trockenschleudern und in Streifen schneiden.
Eine Schüssel damit auslegen. Salat einfüllen und mit in Streifen geschnittenem Lachs bestreuen.

EW	Fett	KH	kcal/J
23 g	14 g	39 g	360/1510

800 g gekochte, kleine, fest kochende Kartoffeln,
56 g Perlzwiebeln,
5 hartgekochte Eier,
2 Becher Joghurt,
Salz,
1-2 EL geriebener Meerrettich,
weißer Pfeffer,
Zucker,
1/2 Bd. Dill,
1 Bd. Schnittlauch,
1 Kopfsalat,
125 g Räucherlachs

TIP Salat zusätzlich mit Kaviar garnieren.

Pikanter Kartoffelsalat

1 kg Salatkartoffeln,
3 große Essiggurken,
1/4 l Fleischbrühe,
3 EL Kräuteressig,
4 EL Olivenöl,
4 EL fein gewiegte Zwiebeln,
1 TL scharfer Senf,
1 TL Sardellenpaste,
1 EL Kapern,
Salz,
Pfeffer,
Worcestersauce

Kartroffeln dämpfen, schälen und in Scheiben schneiden.
Gurken in dünne Blättchen schneiden.
Fleischbrühe erhitzen und mit den restichen Zutaten (bis auf die Kapern) verrühren und abschmecken; über die noch warmen Kartoffeln geben und vermischen. Kartoffelsalat eine Stunde ziehen lassen, nochmals abschmecken und mit den Kapern garnieren.

EW	Fett	KH	kcal/J
6 g	16 g	41 g	333/1399

Bunter Kartoffelsalat mit Mayonnaise

1,5 kg Salatkartoffeln,
1 Zwiebel,
1/2 eingelegte rote Paprikaschote,
1/2 kleine Zucchino,
1 Gewürzgurke,
1/2 Dose Maiskörner,
1 EL Kapern,
1/8 l heiße Brühe,
5-8 EL Mayonnaise,
1 EL Sojasauce,
etwas Essig,
Salz, Pfeffer

Kartoffeln dämpfen, schälen und etwas abkühlen lassen. In dünne Scheiben schneiden und in eine große Schüssel geben.
Zwiebel schälen und fein hacken. Paprikaschote, Zucchino und Gewürzgurke putzen und in kleine Würfel schneiden. Zusammen mit den Maiskörnern und den Kapern zu den Kartoffeln geben.
Brühe und Mayonnaise untermischen und mit Sojasauce, Essig und Gewürzen deftig abschmecken.

EW	Fett	KH	kcal/J
9 g	14 g	70 g	452/1897

Kartoffel-Speck-Salat mit Wildkräutern (Abb. S. 53)

750 g gekochte fest kochende Kartoffeln,
2 hartgekochte Eier,
2 Zwiebeln,
1 Bd. gemischte Kräuter,

Kartoffen, Eier und Zwiebeln schälen.
Kartoffeln und Eier abkühlen lassen und grob, Zwiebeln fein würfeln.
Kräuter hacken.
Mayonnaise mit Senf, Meerrettich, Sahne und Essig

verrühren, mit Salz, Pfeffer und Zucker pikant abschmecken. Salat locker mischen und etwa 2 Stunden ziehen lassen.
Löwenzahn waschen, trockentupfen, auf den Rand einer Platte verteilen. Salat in die Mitte füllen.
Speck fein würfeln, in Öl knusprig braten, mit Essig mischen und pfeffern.
Ein paar Speckwürfel über den Salat streuen, den Rest mit dem Bratfond über den Löwenzahn verteilen, sofort servieren.

EW	Fett	KH	kcal/J
12 g	48 g	35 g	629/2641

3 EL Mayonnaise,
1-2 TL scharfer Senf,
1 TL geriebener Meerrettich,
130 g saure Sahne,
weißer Pfeffer,
Salz,
Zucker,
1-2 EL Kräuteressig,
2 Handvoll Löwenzahnblätter,
140 g Räucherspeck,
2 EL Öl,
2 EL Weinessig

Kartoffelsalat mit Löwenzahn

3 kleine fest kochende gekochte Kartoffeln,
6 Radieschen,
120 g Salatgurke,
50 g Löwenzahnblätter,
1 rote Zwiebel,
2 kleine Tomaten,
3 Scheiben Lachsschinken,
1 EL gehackter Schnittlauch,
1 EL gehackte Petersilie,
1 EL Weinessig,
4 EL Gemüsebrühe (instant),
1 EL Nußöl,
Senf,
Kräutersalz,
Pfeffer aus der Mühle

Kartoffeln schälen und in Scheiben schneiden. Radieschen putzen, waschen und vierteln. Salatgurke schälen und in dünne Scheiben hobeln. Löwenzahn waschen und grob zerkleinern. Zwiebel schälen und in Ringe schneiden. Tomaten waschen und achteln, dabei vom Stielansatz befreien. Schinken klein würfeln. Alle Salatzutaten locker mischen. Schnittlauchröllchen und Petersilie untermengen.
Essig mit warmer Gemüsebrühe und Nußöl verrühren und mit etwas Senf, Salz und Pfeffer würzen.
Marinade über den Salat träufeln und mindestens 10 Minuten durchziehen lassen.

EW	Fett	KH	kcal/J
15 g	9 g	11 g	190/798

Kartoffelgratin

Kartoffeln waschen und garen. Zwiebeln schälen, in dünne Scheiben schneiden. Paprikaschoten halbieren, putzen, waschen, in dünne Streifen schneiden.
Zwiebeln und Paprika 3 Minuten in kochendem Wasser blanchieren.
Käse in dünne Scheiben schneiden.
Kartoffeln abgießen, abschrecken, schälen und in 1 cm dicke Scheiben schneiden.
Eine Auflaufform mit 30 g Butter einfetten. Kartoffeln, Käse, Zwiebeln und Paprikastreifen schuppenartig in die Auflaufform geben.
Salz, Pfeffer und Knoblauchsalz darüberstreuen.
Mit Weißwein begießen. Restliche Butter in Flöckchen obenauf setzen.
Im vorgeheizten Ofen auf unterster Schiene 15 Minuten backen.

1 kg Kartoffeln,
3 Zwiebeln,
2 grüne Paprikaschoten,
300 g Emmentaler,
60 g Butter,
Salz,
weißer Pfeffer,
Knoblauchsalz,
1/8 l Weißwein

EW	Fett	KH	kcal/J
27 g	35 g	43 g	599/2517

Sahniges Kartoffelgratin

Kartoffeln waschen und schälen. Mit einem Hobel in möglichst dünne Scheiben schneiden.
Eine große rechteckige Backform dick mit Butter einfetten und eine Lage Kartoffelscheiben einschichten; leicht salzen, etwas grünen Pfeffer und fein gewiegten Knoblauch darüberstreuen; weiter Schicht für Schicht einfüllen, bis die Kartoffeln aufgebraucht sind.
Milch und Wein verquirlen und über die Kartoffeln gießen, so daß sie etwa bis zur Hälfte bedeckt sind; gleichmäßig Sahne darübergießen und zum Schluß die Butter in Flocken darüber verteilen. Im vorgeheizten Ofen bei 200 Grad 15 Minuten backen, dann Hitze auf 180 Grad reduzieren und weitere 40 Minuten backen.

300 g Kartoffeln,
4 Knoblauchzehen,
3-4 EL eingelegte grüne Pfefferkörner,
150 g kalte Butter,
knapp 1/2 l Milch,
8 cl Weißwein,
1/4 l süße Sahne

EW	Fett	KH	kcal/J
6 g	34 g	18 g	423/1778

Kartoffelhäubchen

800 g mehlig kochende Kartoffeln, Salz,
75 g Butter,
3-4 Eigelb,
weißer Pfeffer,
geriebene Muskatnuß,
Butter zum Einfetten,
1 Eigelb

TIP Die Kartoffelhäubchen können auch zu Körbchen gespritzt werden, die nach dem Überbacken mit feinem Gemüse gefüllt werden.

Kartoffeln schälen und in Salzwasser 25-30 Minuten kochen; abgießen, trockendämpfen und durch die Presse drücken.
Butter in Flöckchen unterrühren. Nach und nach verquirltes Eigelb zufügen. Salzen, pfeffern, mit Muskat abschmecken und in einen Spritzbeutel mit großer Sterntülle füllen.
Ein Blech einfetten und etwa 4 cm große runde Tupfer daraufspritzen. Mit verquirltem Ei bestreichen und im auf 200 Grad (Gas: Stufe 3) vorgeheizten Ofen in etwa 15 Minuten goldgelb überbacken.

EW	Fett	KH	kcal/J
6 g	24 g	28 g	365/1534

Gefüllte Schinkenkartoffeln

Kartoffeln gründlich waschen. Vier entsprechend große Stücke Alufolie einfetten, die Kartoffeln darin einwickeln.
Im vorgeheizten Backofen bei 225 Grad 1 Stunde backen.
In der Zwischenzeit die Zwiebel schälen und zusammen mit dem Schinken im Mixer pürieren.
Die Hälfte der Crème fraîche unterrühren.
Von den fertigen Kartoffeln die Folie entfernen und der Länge nach einen dünnen Deckel abschneiden.
Kartoffeln bis auf einen 1 Zentimeter breiten Rand aushöhlen, das Innere etwas festdrücken.
Von den Deckeln die Schale abziehen.
Kartoffeldeckel und die ausgehöhlte Kartoffelmasse mit einer Gabel zerdrücken.
Eigelb, restliche Crème fraîche und Kräuter unterrühren.

4 Grillkartoffeln,
Öl für die Folie,
1 kleine Zwiebel,
150 g gekochter Schinken,
175 g Crème fraîche,
1 Eigelb,
1/2 Bd. feingehackte Petersilie,
1/2 Bd. kleingeschnittener Schnittlauch,
200 g gewürfelter Emmentaler,
Salz,
weißer Pfeffer,
Muskatnuß

Mit den Gewürzen abschmecken und in einen Spritzbeutel füllen.
Die ausgehöhlten Kartoffeln auf ein Backblech setzen, Käsewürfel darin verteilen, mit der Schinkenmasse bedecken und das Kartoffelpüree darüber spritzen.
Im noch heißen Backofen bei 225 Grad 5 - 10 Minuten überbacken.

TIP Mit Kopf- oder Gurkensalat servieren.

EW	Fett	KH	kcal/J
28 g	36 g	51 g	640/2700

Kartoffeln in der Folie (Abb. S. 59, Mitte)

4 gleichgroße, mehlige Kartoffeln (etwa 200 g),
Öl zum Bestreichen,
Kräutersalz,
Butter,
saure Sahne

Kartoffeln waschen, über Kreuz nicht zu tief einschneiden.
Alufolie in ausreichender Größe in Vierecke schneiden. Glatte Seite dünn mit Öl einfetten, mit etwas Salz bestreuen. Folie locker um die Kartoffel hochziehen und oben fest verschließen.
Kartoffeln bei 280 Grad (Gas: Stufe 7) oder im Holzkohlenfeuer etwa 45 Minuten garen.
Aus der Folie nehmen, an der Schnittstelle so aufbrechen, daß eine Höhlung entsteht, diese beliebig mit kalter Butter oder saurer Sahne füllen.

TIP Zu Kurzgebratenem oder Gegrilltem reichen.

EW	Fett	KH	kcal/J
3 g	1 g	35 g	155/650

Kümmelkartoffeln (Abb. S. 59, links oben)

8 gleichgroße Kartoffeln (etwa 1 kg),
3 EL Kümmel,
1 EL grobes Meersalz,
45 g Butter

Kartoffeln waschen und halbieren.
Kümmel mit Salz mischen, Schnittflächen der Kartoffeln in diese Mischung tauchen.
Kartoffeln auf ein Blech setzen; zerlassene Butter darübergießen und bei 200 Grad (Gas: Stufe 3) im Ofen 30 - 40 Minuten backen.
Noch sehr heiß servieren.

TIP Mit Kräuterquark und Salat servieren.

EW	Fett	KH	kcal/J
5 g	10 g	35 g	255/1065

KARTOFFELN ALS BEILAGE

Schupfnudeln

750 g mehlig kochende Kartoffeln,
Kräutersalz,
geriebene Muskatnuß,
1 Prise weißer Pfeffer,
2 Eier,
100 g Mehl,
Mehl zum Formen,
Butterschmalz zum Braten

TIP Schupfnudeln in siedendem Salzwasser ziehen lassen; dann braten oder mit Butter begießen.

Kartoffeln als Pellkartoffeln garen, trockendämpfen und schälen. Am nächsten Tag reiben oder durch die Presse drücken.
Salz, Muskat, Pfeffer und Eier zufügen, Mehl schnell einarbeiten, Teig mit bemehlten Händen zu etwa kleinfingerdicken und -langen Rollen formen, die an beiden Enden spitz zulaufen.
Reichlich Fett in einer Pfanne erhitzen und die Bubenspitzle – fast schwimmend – darin portionsweise goldbraun braten.
Abfetten lassen und zu Sauerkraut oder Wild- und Rindfleischgerichten mit Sauce servieren.

EW	Fett	KH	kcal/J
9 g	15 g	45 g	366/1538

Marinierte Kartoffeln

Möhren schälen und in feine Stifte, Bohnen putzen und in kleine Stückchen teilen; in Salzwasser bißfest kochen, abschrecken.
Zwiebeln schälen, in Ringe schneiden. Kartoffeln abgekühlt schälen, in Scheiben schneiden; mit Möhren und Bohnen anrichten, mit Zwiebeln bestreuen.
Paprikaschote putzen, kleinwürfeln. Schalotten schälen und würfeln.
Knoblauch schälen, auspressen und mit Senf, Salz, Pfeffer und Öl kräftig verschlagen.
Alles unter den Salat mischen, 1 Stunde ziehen lassen.

EW	Fett	KH	kcal/J
8 g	32 g	37 g	484/2034

4 Möhren,
250 g zarte grüne Bohnen,
Salz,
1 Bd. Frühlingszwiebeln,
450 g kleine fest kochende Kartoffeln, gekocht,
1 rote Paprikaschote,
2 Zwiebeln,
2 Knoblauchzehen,
6 EL Dijon-Senf,
grob gemahlener schwarzer Pfeffer,
10 EL Olivenöl

Kartoffelsalat mit Mais

300 g Mais (Dose),
500 g fest kochende Kartoffeln, Salz,
1 rote Paprikaschote,
1 gelbe Paprikaschote,
2 Zwiebeln,
2 hartgekochte Eier,
2 Gewürzgurken,
125 g gekochtes Rindfleisch,
2 EL Mayonnaise,
3 EL saure Sahne,

Mais abtropfen lassen.
Kartoffeln gründlich waschen und als Pellkartoffeln 25 - 30 Minuten kochen.
Kartoffeln auskühlen lassen und schälen.
Paprikaschoten gründlich aushöhlen, sauber waschen und putzen.
Zwiebeln schälen.
Kartoffeln, Paprika, Zwiebeln, Eier, Gurken und Fleisch fein würfeln.
Mayonnaise mit saurer Sahne, Ketchup und Essig verrühren und pikant abschmecken.

Alle Zutaten untermischen.
Den Kartoffelsalat mit dem Mais 1 - 2 Stunden durchziehen lassen.
Petersilie waschen und fein hacken.
Den Salat mit Petersilie bestreut servieren.

EW	Fett	KH	kcal/J
17 g	14 g	46 g	386/1619

Zucker,
5 EL Tomatenketchup,
1-2 EL Essig, weißer Pfeffer,
Paprikapulver edelsüß,
Curry,
Worcester- und Tabascosauce,
1 Knoblauchzehe ausgepreßt,
1 EL Kapern,
1 Bd. Petersilie

Kartoffelfächer (Abb. S. 59, links unten)

Kartoffeln waschen, schälen und so in dünne Scheiben schneiden, daß die Unterseiten noch zusammenhängen. Scheiben vorsichtig auseinanderdrücken und leicht mit Salz und Paprika bestreuen. Eine große feuerfeste Form einfetten. Kartoffeln mit der geschlossenen Seite nach unten hineinstellen. Mit zerlassener Butter begießen.
Im Ofen bei 200 Grad (Gas: Stufe 3) in 45 Minuten garen. Dabei immer wieder mit heruntergelaufener Butter übergießen.

EW	Fett	KH	kcal/J
5 g	20 g	40 g	370/1550

12 mittelgroße Kartoffeln (etwa 1 kg),
Salz,
Paprikapulver rosenscharf,
Butter zum Einfetten,
75 g Butter

Kartoffeln nach Ardenner Art

(Abb. S. 59, rechts unten)

Von den Folienkartoffeln längs einen Deckel abschneiden. Kartoffeln bis auf etwa 1 cm aushöhlen, mit einer Gabel fein zerdrücken.
Schinken fein würfeln und zusammen mit Schnittlauch und Butter unter die Kartoffelmasse mischen.
Ausgehöhlte Kartoffeln leicht salzen, Füllung hineingeben. Mit Käse bestreuen und 10 Minuten bei 260 Grad (Gas: Stufe 6) überbacken.

EW	Fett	KH	kcal/J
15 g	20 g	30 g	370/1550

4 gegarte Folienkartoffeln,
100 g gekochter Schinken,
2 EL gehackter Schnittlauch,
50 g Butter,
Salz,
75 g geriebener Emmentaler

TIP Zu gebratenem Geflügel oder Fischfilet reichen.

Kranzkartoffeln (Abb. S. 59, rechts oben)

700 g mehlige Kartoffeln,
70 g Butterschmalz,
Salz,
Paprikapulver edelsüß

Kartoffeln schälen, in etwa 1 - 2 cm dicke Scheiben schneiden; in einem Küchentuch abtrocknen.
Einen runden, dickwandigen Brattopf mit Butterschmalz einfetten; Topfboden mit besonders gleichmäßigen Kartoffeln belegen; einen Kranz sich dachziegelartig überlappender Scheiben legen.
Den nächsten Kranz so legen, daß er die Scheiben des ersten etwas überlappt; dann so fortfahren.
Kartoffeln dünn mit Salz und Paprika bestreuen.
Restliche Kartoffelscheiben lagenweise darüber einschichten.
Jede Lage mit Salz und Paprika bestreuen; mit etwas geschmolzenem Butterschmalz beträufeln.
Kartoffeln im gut verschlossenen Topf auf dem Herd kurz erhitzen, dann im 250 Grad (Gas: Stufe 6) heißen Ofen 35 - 40 Minuten backen.
Kartoffeln auf eine Platte stürzen und servieren.

TIP Da die Garzeiten bei allen Kartoffelgerichten je nach Sorte und Alter der Kartoffeln variieren, sollten Sie mit einem Holzstäbchen die Garprobe machen.

EW	Fett	KH	kcal/J
3 g	20 g	30 g	320/1340

Kartoffelsalat nach Aretsrieder Art

(Abb. S. 65)

1 kg Salatkartoffeln,
400 ml heiße Brühe,
1 Salatgurke (400 g),
2 Bd. Radieschen,
4 Scheiben gekochter Schinken,
200 g Sahnedickmilch,
60 ml Zitronensaft oder Kartoffelessig,
Pfeffer,
Salz,
reichlich feingewiegte Petersilie oder Kerbel,
grobgemahlener bunter Pfeffer

Kartoffeln waschen, garen, schälen und etwas abgekühlt in Scheiben schneiden.
Brühe über die Kartoffeln geben.
Zugedeckt durchziehen und erkalten lassen.
Gurke waschen und ungeschält hobeln.
Radieschen putzen, waschen und in feine Stifte schneiden.
Schinken in schmale Streifen schneiden.
Gurken, Radieschen und Schinken unter die Kartoffeln heben.
Restliche Zutaten zu einer Sauce verrühren, würzig abschmecken und den Salat damit anmachen.

EW	Fett	KH	kcal/J
14 g	10 g	45 g	329/1377

Feldsalat mit Kartoffelmarinade

2 große mehlig kochende Kartoffeln,
1/8 l heiße Rindfleischbrühe,
Salz,
2-3 EL Zitronenessig,
1 Msp. scharfer Senf,
weißer Pfeffer aus der Mühle,
4-5 EL Sonnenblumenöl,
200 g Feldsalat,
Cocktailtomaten,
1 Zwiebel,
100 g Champignons,
1 EL gehackter Schnittlauch

TIP Dazu schmeckt geröstetes Weißbrot mit Knoblauchbutter.

Kartoffeln in der Schale kochen, schälen, noch heiß durch die Kartoffelpresse drücken.
Mit der Brühe glattrühren. Mit Salz, Essig, Senf und Pfeffer würzen, Öl unterschlagen.
Feldsalat verlesen, gründlich waschen, trockenschleudern.
Tomaten waschen, achteln und von den Stielansätzen befreien.
Zwiebel schälen und fein würfeln.
Champignons putzen und in dünne Scheiben schneiden.
Feldsalat mit Tomaten, Zwiebeln und Pilzen anrichten, mit Marinade beträufeln und mit Schnittlauch bestreuen.

EW	Fett	KH	kcal/J
2 g	15 g	7 g	180/757

Kartoffelsalat mit Gorgonzola

Geschälte, abgekühlte Kartoffeln, geputzte Egerlinge und Oliven in Scheiben schneiden.
Sellerieblättchen zur Seite legen, Stangen von harten Fasern befreien und in Scheiben, Zwiebeln in hauchdünne Ringe schneiden.
Essig und Gewürze verrühren.
Knoblauch mit Sardellenfilet zerdrücken, zufügen, Öl unterschlagen.
Vorbereitete Zutaten darin 1 - 2 Stunden marinieren.
Käse zerdrücken, mit Sahne cremig rühren, pfeffern.
Salat mit Sellerieblättchen anrichten, mit Käsesauce begießen.

EW	Fett	KH	kcal/J
10 g	37 g	24 g	477/2002

500 g gekochte fest kochende Kartoffeln,
250 g Egerlinge,
5 entsteinte schwarze Oliven,
1/2 Staude Stangensellerie,
1 Zwiebel,
3 EL Rotweinessig,
Salz, weißer Pfeffer,
1 Msp. scharfer Senf,
Zucker,
1/2 Knoblauchzehe,
1 Sardellenfilet,
5 EL Olivenöl,
100 g Gorgonzola,
6 EL süße Sahne,
Pfeffer

Weinkartoffeln

1 kg fest kochende Kartoffeln,
8 cl Weißwein,
1 Zwiebel,
50 g Butter,
1 EL grüne Pfefferkörner,
1/4 l süße Sahne,
Salz

TIP Eine leckere Beilage zu Hühnchengerichten.

Kartoffeln waschen, schälen und in Scheiben schneiden, leicht salzen und halbfest dämpfen. Zwiebel schälen und in sehr dünne Ringe schneiden. Kartoffelscheiben und Zwiebelringe in zerlassener Butter anbraten, Weißwein und Pfefferkörner dazugeben und 10 Minuten leise köcheln lassen. Sahne dazugießen, verrühren und heiß servieren.

EW	Fett	KH	kcal/J
6 g	29 g	40 g	468/1966

Dillkartoffeln

1,5 kg mehlig kochende Kartoffeln,
30 g Mehl,
30 g Butter,
1 Zwiebel,
1/2 l Milch,
4 EL fein gewiegter Dill,
4 EL Crème fraîche

Kartoffeln waschen, dämpfen und schälen; in Scheiben schneiden. Butter in einem Topf zerlassen, Mehl dazugeben und schnell verrühren, ohne daß dabei Klümpchen entstehen; fein gewiegte Zwiebel hinzugeben, etwas anbraten und Milch dazugießen. 10 Minuten leise köcheln lassen, vom Herd nehmen. Crème fraîche und Dill einrühren und die Sauce über die noch heißen Kartoffeln geben.

EW	Fett	KH	kcal/J
11 g	17 g	68 g	482/2022

Kartoffel-Spargel-Salat

(Abb. S. 69)

10 g getrocknete Spitzmorcheln,
500 g kleine fest kochende Kartoffeln,
500 g grüner Spargel,
Salz,
3-4 EL Weißweinessig,

Morcheln in Wasser 5 - 6 Stunden quellen lassen. Wasser durchsieben, Morcheln abspülen.
Kartoffeln als Pellkartoffeln garen.
Spargel von holzigen Enden befreien und das untere Drittel schälen. Stangen schräg in 3 cm lange Stücke schneiden, in Salzwasser in 3 - 4 Minuten bißfest kochen, abschrecken und abtropfen lassen.

KARTOFFELN ALS BEILAGE

Kartoffeln heiß schälen, halbieren und mit Morchelwasser, etwas Spargelwasser und 2 EL Essig mischen.
Restlichen Essig mit Sherry, etwas Senf, Sojasauce, Salz, Zucker, Pfeffer und Öl verschlagen, mit Spargel, Morcheln, zwei Drittel zerpflückter Kräuter und in Ringe geschnittenen Frühlingszwiebeln unter die abgekühlten Kartoffeln mischen, 1 Stunde ziehen lassen.
Braten in Streifen schneiden, unterheben und Salat mit restlichen Kräutern garnieren.

EW	Fett	KH	kcal/J
12 g	16 g	24 g	301/1264

Senf,
1 EL trockner Sehrry,
1 TL Sojasauce,
Zucker,
5 EL Öl,
weißer Pfeffer,
3 Zweige Estragon,
1 Handvoll Kerbel,
2 - 3 Frühlingszwiebeln,
125 g kalter Kalbsbraten

Kartoffelhörnchen

250 g Kartoffeln,
1 Ei,
60 g Butter,
etwas ungespritzte Zitronenschale,
250 g Mehl,
1 Päckchen Backpulver,
Marmelade zum Bestreichen,
125 g Zucker,
etwas Zimt

Kartoffeln dämpfen, schälen und abkühlen lassen.
Ei und Butter schaumig rühren, geriebene Zitronenschale hinzufügen.
Kartoffeln mit einer Gabel zerdrücken und zur Eimasse hinzugeben.
Mehl mit Backpuvler sieben und dazugeben.
Teig gut durchkneten und auf einem Brett mit einem Nudelholz ausrollen.
Daraus quadratische Stücke schneiden und diese zu Dreiecken halbieren. So den ganzen Teig verarbeiten.
Die Dreiecke mit Marmelade bestreichen und von einer Ecke nach außen zu Hörnchen formen.
Bei mäßiger Hitze im Ofen backen, bis sie etwas Farbe bekommen haben, danach in Zimtzucker rollen.

EW	Fett	KH	kcal/J
9 g	14 g	88 g	522/2193

Apfelstrudel *(Abb. S. 71)*

250 g Mehl,
1 TL Salz,
5 EL Öl,
1/2 TL Essig,
250 g mehlig kochende Kartoffeln,
125 g Butter,
3 EL Paniermehl,
3 Eigelb,
75 g Zucker,
3 EL Crème fraîche,
Schale von 1/2 unbehandelte Zitrone,
1/2 TL Zimtpulver,
Mehl zum Ausrollen,

Mehl, Salz, Öl, 1/8 l lauwarmes Wasser und einen halben TL guten Essig zu einem glatten Teig verkneten.
In einer Plastiktüte etwa 30 Minuten bei Zimmertemperatur ruhen lassen.
Kartoffeln waschen und in reichlich Salzwasser in der Schale kochen.
30 g Butter erhitzen, Paniermehl darin goldgelb rösten.
50 g Butter mit Eigelb, Zucker und Crème fraîche schaumig rühren.
Mit 1 Prise Salz, abgeriebener Zitronenschale und Zimt aromatisieren.
Kartoffeln schälen, durch die Presse drücken und unter die Creme rühren.
Teig auf bemehlter Fläche so dünn wie möglich

ausrollen, auf ein mit Mehl bestäubtes Tuch legen und hauchdünn ausziehen.
Kartoffelmischung darauf verstreichen, Teigränder dabei frei lassen.
Paniermehl darauf verteilen.
Rosinen waschen, trockenreiben und mit geschälten, entkernten, in dünne Schnitze geteilten Äpfeln sowie Nüssen über die Füllung streuen
Teig mit Hilfe des Tuches aufrollen, auf ein gefettetes Blech setzen und rundherum mit etwas Butter bestreichen.
Im auf 200 Grad (Gas: Stufe 3) vorgeheizten Ofen 45 - 50 Minuten backen.
Mehrmals die restliche Butter darüberstreichen.
Mit Puderzucker bestäubt warm servieren.

EW	Fett	KH	kcal/J
17 g	65 g	124 g	1178/4948

75 g Rosinen
3 säuerliche Äpfel,
100 g gehackte Nüsse,
Butter zum Einfetten,
Puderzucker

TIP Nach Belieben mit Vanillezucker, gesüßter Sahne oder Crème fraîche servieren.

Kirschknödel

300 g Süßkirschen,
1 Päckchen Vanillinzucker,
2 EL Zitronensaft,
2 EL Kirschwasser,
600 g mehlig kochende Kartoffeln,
100 g weiche Butter,
50 g Dinkelgrieß,
100 g Mehl,
1 Ei, Salz,
Mehl zum Ausrollen,
75 g Paniermehl,
1 Prise Zimtpulver,
1 EL Zucker

Kirschen waschen, abtrocknen, entsteinen und mit Vanillinzucker, Zitronensaft und Kirschwasser zugedeckt ziehen lassen.
Kartoffeln waschen und garen; abschrecken, schälen und heiß durch die Presse drücken.
25 g Butter mit Grieß, Mehl, Ei und 1 Prise Salz zu einem geschmeidigen Teig kneten. Auf leicht bemehlter Fläche zur Rolle formen, in Scheiben schneiden. Teigscheiben mit je 3 Kirschen belegen, Teig darüber zusammendrücken, zu Klößen formen und in sprudelnd kochendes Salzwasser legen; bei sanfter Hitze etwa 12 Minuten sieden lassen.
Paniermehl mit Zimt und Zucker in restlicher Butter goldbraun rösten; über die fertigen Klöße streuen.

EW	Fett	KH	kcal/J
11 g	22 g	78 g	585/2455

Aprikosenknödel

Kartoffeln schälen, die Hälfte in Salzwasser kochen, die restlichen reiben und in einem Küchentuch kräftig ausdrücken. Gekochte Kartoffeln abgießen, abkühlen lassen und durch die Presse drücken.
Aus Kartoffeln, Mehl, Ei und etwas Salz einen Teig kneten. Aprikosen waschen, entsteinen und mit Würfelzucker füllen. Mit kalt abgespülten Händen aus dem Teig flache Laibchen formen. Jeweils eine Aprikose in die Mitte setzen und Teig drumherum zum Knödel formen. In reichlich sprudelndem Salzwasser in etwa 20 Minuten gar ziehen (nicht kochen) lassen. Butter leicht bräunen. Abgetropfte Knödel zuerst in Butter, dann in mit Zucker gemischtem Paniermehl wenden. Mit restlicher Butter umgießen.

EW	Fett	KH	kcal/J
11 g	2 g	96 g	455/1909

750 g mehlig kochende Kartoffeln,
Salz,
100 g Mehl,
1 kleines Ei,
750 g Aprikosen,
Würfelzucker zum Füllen,
130 g Butter,
2 EL Zucker,
1 Päckchen Vanillinzucker,
6 EL Paniermehl

Kartoffel-Quark-Taler

700 g mehlig kochende Kartoffeln,
2 EL ungeschwefelte Rosinen,
100 g Mehl,
2 Eier,
Salz,
250 g Magerquark,
Butterschmalz zum Ausbacken,
5 EL Zucker,
1/2 TL Zimtpulver

Kartoffeln waschen, am Vortag in etwa 30 Minuten garen.
Rosinen heiß waschen und abtrocknen.
Kartoffeln schälen, reiben und mit Mehl besieben.
Eier mit 1 Prise Salz, abgetropfem Quark und Rosinen untermengen. Ist der Teig zu weich, noch etwas Mehl unterkneten.
Eine dicke Rolle formen, in Scheiben schneiden, oval formen und etwas flachdrücken.
Butterschmalz erhitzen und Taler bei mittlerer Hitze von beiden Seiten knusprig braun braten; gut abfetten lassen.
Taler mit Zimt und Zucker bestreuen und noch warm servieren.

EW	Fett	KH	kcal/J
18 g	27 g	80 g	654/2747

Kartoffelrollen mit Äpfeln

Kartoffeln waschen, kochen, schälen und durch die Presse drücken.
Kartoffeln mit Mehl, Eier und Salz zu einem Teig kneten. Eine Rolle formen, in 4 Stücke teilen und zu tellergroßen 1/2 cm dicken Flecken ausrollen.
Mit 50 g zerlassener Butter und Sahne bestreichen.
Äpfel schälen, raspeln und darauf verteilen.
Mit Zucker, Rosinen und Zimt bestreuen, aufrollen und in die gefettete Form schichten; mit restlicher Butter begießen. 30 - 45 Minuten im 200 Grad heißen Ofen (Gas: Stufe 3) backen. Kurz vor Ende der Garzeit mit Milch begießen.
Rollen in Scheiben schneiden und anrichten.

EW	Fett	KH	kcal/J
11 g	35 g	122 g	865/3631

750 g mehlig kochende Kartoffeln,
100 g Mehl,
2 Eier,
Salz,
Mehl zum Formen,
125 g Butter,
125 g saure Sahne,
1 kg säuerliche Äpfel,
120 g Zucker,
60 g Rosinen,
Zimtpulver,
1/4 l heiße Milch

Kartoffelschmarrn mit Apfelkompott

1 kg mehlig kochende Kartoffeln,
150 g Mehl,
1 Prise Salz,
Fett zum Ausbacken,
etwas Zucker

TIP Der ungezuckerte Kartoffelschmarrn schmeckt auch gut, wenn man ihn mit Sauerkraut vermischt und zu heißen Würstchen reicht.

Kartoffeln waschen, schälen und dämpfen; auskühlen lassen und durch die Kartoffelpresse drücken.
Kartoffelmasse mit Mehl und etwas Salz vermischen und einen lockeren Teig daraus bereiten; der Teig soll etwas körnig sein.
Reichlich Fett in einer großen Pfanne erhitzen, Kartoffelteig hineingeben und flach streichen, bei starker Hitze jede Seite goldgelb backen. Teig mit einer Schaufel zerbröseln und unter ständigem Wenden die einzelnen Stückchen goldbraun braten. Mit Zucker bestreuen und heiß mit Apfelkompott reichen.

EW	Fett	KH	kcal/J
8 g	13 g	65 g	413/1736

Kartoffel-Kirsch-Torte *(Abb. S. 77, unten)*

500 g mehlig kochende Kartoffeln,
2 Eier,
200 g gemahlene Mandeln,
175 g Zucker,
1 Päckchen Vanillinzucker,
1 Prise Salz,
Zimtpulver,
Nelkenpulver,
500 g Sauerkirschen,
Fett für die Form,
Puderzucker

Die Kartoffeln 20 - 25 Minuten kochen, schälen und erst am nächsten Tag möglichst fein reiben.
Eier trennen. Zum Eigelb 150 g Mandeln, 150 g Zucker, Vanillinzucker, Salz, Zimt und Nelken zugeben und zu einem glatten Teig verarbeiten.
Kirschen waschen, entsteinen, abtropfen lassen und mit restlichem Zucker bestreut ziehen lassen.
Eine Springform (Ø 26 cm) einfetten. Zwei Drittel des Teiges einfüllen, einen hohen Rand formen.
Restliche Mandeln und die Kirschen einfüllen.
Aus dem restlichen Teig mit bemehlten Händen feine Rollen formen und gitterförmig auf die Kirschen legen.
Mit verquirltem Eiweiß bestreichen.
Torte im 200 Grad heißen Ofen (Gas: Stufe 3) etwa 1 Stunde backen.
Abgekühlt dick mit Puderzucker besieben.

EW	Fett	KH	kcal/J
14 g	29 g	85 g	695/2917

Schokoladentorte *(Abb. , oben)*

375 g mehlig kochende Kartoffeln,
4 Eier,
250 g Zucker,
Salz,
1 Päckchen Vanillinzucker,
100 g gemahlene Haselnüsse,
150 g Weizengrieß,
1 Msp. Backpulver,
Fett und Grieß für die Form

Kartoffeln 20 - 25 Minuten kochen, schälen und am nächsten Tag grob reiben.
Eier trennen. Eigelb mit Zucker, Salz und Vanillinzucker schaumig rühren. Kartoffeln zufügen und 5 Minuten mitrühren.
Haselnüsse, Grieß und Backpulver mischen und nach und nach unterrühren.
Eiweiß sehr steif schlagen und vorsichtig unter den Teig heben.
Eine Springform von 26 cm Ø einfetten und mit Grieß ausstreuen.

200 g Zartbitter-Schokolade,
60 g gehackte Haselnüsse oder Mandeln

Teig einfüllen, glattstreichen und im 200 Grad heißen Ofen (Gas: Stufe 3) auf mittlerer Schiene 50 - 60 Minuten backen.
In der Form ausdampfen lassen, auf ein Kuchengitter stürzen.
Für den Guß Zartbitter-Schokolade im Wasserbad schmelzen. Ausgekühlte Torte damit überziehen und mit Haselnüssen oder Mandeln bestreuen.

EW	Fett	KH	kcal/J
22 g	47 g	126 g	699/2935

Königstorte

250 g Kartoffeln,
50 g Rosinen,
4 cl Rum,
6 Eigelb,
150 g Zucker,
1 Prise Salz,
Schale von 1 unbehandelten Zitrone,
100 g gemahlene Mandeln,
50 g Zitronat,
6 Eiweiß,
Butter zum Einfetten,
1 EL Paniermehl,
20 g Puderzucker

Die Kartoffeln am Vortag unter fließendem Wasser gründlich säubern. In einen Topf geben und mit Wasser bedeckt etwa 35 Minuten zugedeckt kochen lassen. Abgießen und ausdämpfen lassen.
Etwas abkühlen lassen, schälen und zugedeckt stehen lassen.
Rosinen in einem Sieb unter fließendem Wasser abspülen, abtropfen lassen. In einer Schüssel mit Rum begießen, 1 Stunde quellen lassen.
Kartoffeln fein reiben.
Eigelb mit Zucker und Salz sehr schaumig rühren.
Nach und nach Zitronenschale, Mandeln und fein geschnittenes Zitronat dazugeben.
Kartoffeln und Rosinen untermischen.
Eiweiß zu steifem Schnee schlagen, vorsichtig unterziehen.
Eine Springform von 24 cm Ø einfetten, mit Paniermehl ausstreuen.
Teig einfüllen und im vorgeheizten Ofen auf mittlerer Schiene 1 Stunde bei 180 Grad (Gas: Stufe 3) backen.
Springform öffnen und den Kuchen auf einem Kuchengitter abkühlen lassen.
Mit Puderzucker bestäuben.
Vor dem Servieren in 12 Stücke schneiden.

EW	Fett	KH	kcal/J
16 g	26 g	67 g	601/2522

Apfelstrudel 70
Aprikosenknödel 73
Bauernpfanne, deftige 33
Bayerische Kartoffelmaultaschen 34
Béchamelkartoffeln
mit Räucherlachs 44
Bunter Kartoffelsalat
mit Mayonnaise 52
Buttermilchkartoffeln 15
Buttermilchquark mit Kartoffeln 28
Deftige Bauernpfanne 33
Deftige Kartoffelsuppe 6
Dillkartoffeln 68
Duftende
Kartoffel-Knoblauch-Suppe 8
Feine Kartoffelsuppe
mit Meeresfrüchten 10
Feldsalat mit Kartoffelmarinade 66
Fischsuppe, kräftige,
mit Kartoffeleinlage 8
Frischer Spargel
mit Kräuter-Blech-Kartoffeln 24
Gefüllte Kartoffeln 40
Gefüllte Kartoffelrolle 32
Gefüllte Schinkenkartoffeln 57
Gnocchi 50
Gnocchi mit Salamistreifen 50
Gnocchi mit würziger
Tomatensauce 50
Grüne Kartoffelsuppe 14
Heißer Kartoffelsalat 37
Holländischer Kartoffelauflauf 22
Kartoffelauflauf, holländischer 22
Kartoffelauflauf mit Schinken 40
Kartoffelauflauf
mit schwarzen Bohnen 21
Kartoffelblinis 29
Kartoffelbouillon 5
Kartoffel-Brot-Auflauf 22
Kartoffelfächer 63
Kartoffel-Gemüse-Gratin 20
Kartoffelgemüse
nach ungarischer Art 39
Kartoffelgratin 55
Kartoffelgratin mit Speck 41
Kartoffelgratin, sahniges 55
Kartoffelhäubchen 56
Kartoffelhörnchen 70
Kartoffel-Kirsch-Torte 76
Kartoffel-Knoblauch-Suppe,
duftende 8
Kartoffel-Lachs-Salat 51
Kartoffellasagne 36
Kartoffel-Lauch-Suppe 11
Kartoffelmaultaschen, bayerische 34
Kartoffeln, gefüllte 40
Kartoffeln in der Folie 58
Kartoffeln, marinierte 61
Kartoffeln mit Kresse 26
Kartoffeln mit Matjesfilets 49
Kartoffeln mit Olivensauce 25
Kartoffeln mit Pilzen 25
Kartoffeln nach Ardenner Art 63
Kartoffeln nach badischer Art 39
Kartoffeln nach kanarischer Art 48
Kartoffeln »Parma« 44
Kartoffeln überbacken 18
Kartoffelpastete 48
Kartoffelpfannkuchen mit Speck 34
Kartoffelpiroggen 29
Kartoffelplätzchen
mit Salbei und Schinken 33
Kartoffelpuffer 26
Kartoffel-Quark-Taler 74
Kartoffelrolle, gefüllte 32
Kartoffelrollen mit Äpfeln 75
Kartoffelrollen mit Grünkern 19
Kartoffelsalat, bunter,
mit Mayonnaise 52
Kartoffelsalat, heißer 37

REGISTER

Kartoffelsalat mit Garnelen 42
Kartoffelsalat mit Gorgonzola 67
Kartoffelsalat mit Löwenzahn 54
Kartoffelsalat mit Mais 62
Kartoffelsalat nach Aretsrieder Art 64
Kartoffelsalat, pikanter 52
Kartoffel-Schmand-Kuchen 23
Kartoffelschmarrn
mit Apfelkompott 76
Kartoffel-Spargel-Salat 68
Kartoffel-Speck-Salat
mit Wildkräutern 52
Kartoffel-Spinat-Auflauf 18
Kartoffel-Spinat-Suppe 4
Kartoffelstrudel mit Lachs 46
Kartoffelsuppe, aufgeschmelzt 7
Kartoffelsuppe, deftige 6
Kartoffelsuppe, feine,
mit Meeresfrüchten 10
Kartoffelsuppe, grüne 14
Kartoffelsuppe
mit Gemüsestreifen 14
Kartoffelsuppe mit Geräuchertem 7
Kartoffelsuppe mit Huhn 17
Kartoffelsuppe mit Würstchen 7
Kartoffelsuppe, pikante 4
Kartoffel-Tomaten-Suppe
nach »italienischer Art« 10
Kartoffelsuppe »Toskana« 13
Kartoffeltopf, mexikanischer 12
Kartoffeltopf
mit Rindfleisch und Speck 12
Kaviarkartoffeln 47
Kirschknödel 72
Königstorte 78
Kräftige Fischsuppe
mit Kartoffeleinlage 8
Kranzkartoffeln 64
Kümmelkartoffeln 58
Lauchcremesuppe 9
Marinierte Kartoffeln 61
Mexikanischer Kartoffeltopf 12
Pichelsteiner Topf 17
Pikante Kartoffelsuppe 4
Pikanter Kartoffelsalat 52
Sahnekartoffeln mit Kerbel 16
Sahnerösti mit Speck 31
Sahniges Kartoffelgratin 55
Schichtkartoffeln 30
Schinkenkartoffeln, gefüllte 57
Schokoladentorte 77
Schupfnudeln 60
Shrimpskartoffeln
in Currysahne mit Spinat 43
Tiroler Gröstl 30
Weinkartoffeln 68